N. Sri Ram

Uma Vida de Beneficência e Sabedoria

N. Sri Ram
5º Presidente da Sociedade Teosófica Internacional

N. Sri Ram

Uma Vida de Beneficência e Sabedoria

Pedro Oliveira

Editora Teosófica
Brasília - DF

EDITORA TEOSÓFICA
Sig Sul Qd. 06 Lt. 1.235
70.610-460 - Brasília-DF - Brasil
Tel.: (61) 3322-7843
E-mail: editorateosofica@editorateosofica.com.br
Site: www.editorateosofica.com.br

O48 Oliveira, Pedro

N. Sri Ram - uma vida de beneficência e sabedoria/
Pedro Oliveira - Brasília: Editora Teosófica, 2019.
244 p.

Título original: N. Sri Ram: a life of beneficence and wisdom

ISBN 978-85-7922-186-6

CDD 923.6

Tradutor: Edvaldo Batista
Revisão: Zeneida Cereja da Silva
Diagramação: Reginaldo Mesquita - Fone (61) 3341-3272
Capa: Ana Cichelero
Impressão: Grafika Papel e Cores fone (61) 3344-3101
E-mail: comercial@papelecores.com.br

Arjuna disse:

Qual é o sinal daquele que tem mente estável, firme na contemplação, Oh Keshava? Como fala aquele que tem mente estável, como senta, como caminha?

O Senhor Bem-aventurado disse:

Quando um homem abandona todos os desejos do coração, Oh Parthā, e se satisfaz no SER pelo SER, então se diz que ele tem mente estável. Aquele cuja mente está livre de ansiedade em meio às dores, indiferente em meio aos prazeres, liberado da paixão, do medo e da ira, chama-se sábio, que tem mente estável. Aquele que por todos os lados não tem apegos, qualquer que seja a sua sorte, boa ou má, que não tem gostos nem desgostos, tem entendimento bem equilibrado.

Bhagavad-Gitā, II.54-57[1]

[1] Editora Teosófica: Brasília, 2014. (N. E.)

Sumário

Dedicado afetuosamente à memória de Norma Y. Sastry

Introdução

É quase impossível apresentar em uma biografia de um único volume a plena extensão da vida e do trabalho de um ser humano. Esta biografia examina a singularidade de N. Sri Ram desde a sua infância. Crescendo e tendo sua educação na Índia, tornou-se um membro dedicado e comprometido com o trabalho da Sociedade Teosófica. Ele teve um relacionamento muito próximo com Annie Besant, a segunda presidente internacional da Sociedade Teosófica, atuando como seu secretário pessoal, e também a auxiliando em sua preocupação pelo bem-estar e pela liberdade da Índia.

Como se pode resumir os atributos de um ser humano que é admirado, amado e reverenciado, mas que não mais está entre nós? Os efeitos de sua vida continuam presentes; eles ainda estão vivos hoje – sobretudo sua amabilidade, sua sabedoria espiritual e gentileza em liderar um corpo mundial de buscadores da Verdade.

Nos escritos, livros e palestras de Sri Ram, estas qualidades, as quais são a base de sua filosofia de vida, foram expressas com sensibilidade, beleza e convicção, exemplificando as verdades eternas que continuarão a inspirar leitores e estudantes de Teosofia.

Nenhum ser humano existe isoladamente, todos somos influenciados e por nossa vez influenciamos nosso ambiente e nossos semelhantes em nossa era.

O Irmão Sri Ram, em toda a sua humildade, foi uma fonte de ajuda e amigo de todos, um servidor da Sabedoria Eterna.

Seu biógrafo, Pedro Oliveira, coletou diligentemente um caleidoscópio de detalhes e fatos relativos à vida e ao trabalho de Sri Ram, os quais agora e para as gerações futuras provarão ser uma fonte de interesse humano e servirão como uma história valiosa.

Como membro da Sociedade Teosófica me sinto privilegiada e grata por ter conhecido o Irmão Sri Ram.

Ruth Beringer
Ex-secretária-geral
Sociedade Teosófica na Austrália

Novembro de 2009.

Agradecimentos

O autor deseja expressar sua profunda gratidão à Sra. Radha Burnier, presidente internacional da Sociedade Teosófica, pelo seu apoio e encorajamento a este projeto, e por lhe permitir a oportunidade de realizar pesquisas no Arquivo Histórico da Sociedade em sua Sede Internacional em Adyar, Chennai, Índia. Agradecimentos sinceros são também devidos a ela por providenciar acesso aos arquivos cuidadosamente preservados pela falecida Elithe Nisewanger, que havia sido secretária do Sr. N. Sri Ram por muitos anos e que documentou muito do seu trabalho em Adyar, tanto antes como durante seus anos como presidente. A Sra. Burnier também gentilmente providenciou acesso às reminiscências de sua tia, a falecida Dra. N. Sivakamu, irmã do Sr. Sri Ram, as quais contêm informação valiosa sobre os primeiros anos da sua vida familiar. Ela também tornou disponíveis raros álbuns de fotografia, sendo as mais importantes incluídas neste livro.

Agradecimentos sinceros também são devidos ao Sr. S.V. Nilakanta, filho de Sri Ram, por suas vívidas recordações de sua vida familiar em Adyar, na década de 1920, e à Srta. Joy Mills, ex-vice-presidente internacional da ST e ex-presidente nacional das Seções

Americana e Australiana da Sociedade, por suas tocantes reminiscências das visitas de Sri Ram a "Olcott", a Sede Nacional da Seção Americana da ST.

1

Infância e Educação

NILAKANTA SRI RAM nasceu em 15 de dezembro de 1889, em Tanjavur, no sul da Índia, sendo a criança mais velha em uma família de brâmanes de quatro filhos e quatro filhas. Seu pai, A. Nilakanta Sastry, foi um homem de grande erudição e um bem-conhecido erudito em escrituras sânscritas e hindus, o qual faleceu em 1919. O nome de sua mãe era Seshamal.

Uma das irmãs de Sri Ram, a falecida Dra. N. Sivakamu, compartilhou suas reminiscências sobre o período inicial da vida familiar:

> Uma das minhas primeiras recordações é do nosso lar em Pudukudi, no Distrito de Tirunelveli. Papai era, naquela época, um Subengenheiro Assistente no Departamento de Obras Públicas. O pequeno bangalô foi dado a ele pelo Governo, juntamente com dois auxiliares. Ele tinha muito o que fazer – trabalho de campo, supervisionar represas, etc. Saía de casa, algumas vezes, por vários dias, viajando em carreta de bois, carroças e frequentemen-

te a cavalo. Naquela época, Sri Ram tinha onze anos, Subbalakshmi oito e eu tinha cinco anos de idade. Padmu tinha três anos e meio e Yagna um ano. Yagna era uma criança excepcionalmente bela. Astrólogos disseram que ele seria bonito, pois estava sob a influência do Aśvini Nakshatram (*star* Aśvini), os gêmeos divinos nos céus. O corpo dele era excepcionalmente bem-proporcionado.

Nós sempre tínhamos dois cozinheiros. Um acompanhava meu pai em suas viagens, enquanto o outro permanecia com a mamãe e as crianças. A casa ficava situada do outro lado do muro de contenção do rio Tambaraparani, onde nos banhávamos, cuidados por um serviçal. Era uma brincadeira sem fim nas manhãs.

Padmu (o pai do Dr. P. Krishna), desde os seus primeiros anos, insistia para que tudo estivesse em perfeita ordem ao seu redor. O seu cabelo era cuidadosamente penteado, o seu *dhoti* [uma vestimenta usada por homens hindus] adequadamente atado com o seu cinto, e ele costumava ter *vibhuti* (cinza sagrada) adequadamente colocada em sua testa em três níveis. Quando crianças, tanto Padmu como Yagna costumavam ter ornamentos de prata ao redor de seus calcanhares. Sri Ram tinha brincos de rubi não lapidado e braceletes de ouro, e os usava até mesmo quando estava na escola. Ele foi criado muito cuidadosamente, muito amado pelos membros da família, e recebia aulas particulares em casa. Papai mantinha um pônei Shetland para ele. Havia um campo amplo e extenso em frente de nossa casa. Sri Ram cavalgava rápido e gostava de seus passeios a cavalo na manhãs. Todos nós tínhamos que levantar muito cedo, mesmo antes do amanhecer, para fazermos nosso exercício matutino. Subbalakshmi e eu seguíamos Sri Ram durante nossas caminhadas. Papai nos mandava para caminhadas à tardinha, acompanhados por um serviçal. Sri Ram era ao mesmo tempo um herói e um líder para nós. Ficávamos maravilhados quando ele organizava fogos de artifício de vários tipos durante os festivais de Kartikai e Deepavali. Nesta época, papai nos estabeleceu em uma pequena cidade chamada Palayamkottai, com um cozinheiro de confiança e um serviçal em uma pequena casa. Eu e Subbalakshmi íamos a uma escola para crianças.

Algum tempo depois, papai foi transferido para Kumbakonam, cidade próxima ao rio Kaveri. Sri Ram ingressou em uma escola naquela localidade. Nós vivíamos em uma pequena casa. Tínhamos um mosquiteiro tamanho família. Todos nós, exceto papai, dormíamos no chão sobre bons colchões.

O rio Kaveri ficava a uma certa distância de nossa casa. Sentíamos falta do rio Tirunelveli de nosso banhos lá. Kumbakonam estava infestada com mosquitos e não era mantida limpa. Todas as ruas tinham bueiros abertos. O irmão mais jovem de papai, Vaidishvara Shastry, era médico e atuava no serviço municipal do distrito. Ele tinha pele clara, como um cidadão da Europa do sul. Minha avó paterna era uma pessoa muito bonita e de pele clara. Meu avô era um erudito em sânscrito. Ele escreveu os seus próprios comentários sobre alguns dos *Upanishades*. Eu entendo que eles foram entregues a um *mutt* (centro monástico/religioso). Ele fez o voto de *Sannyasa* (vida de renúncia) antes de morrer.

Originalmente, nossa família teve origem em Edaiathumangalam. Diferenças familiares ocorreram entre os primos. Na verdade, uma ação judicial foi instituída no tribunal. Meu avô decidiu deixar Edaiathumangalam e se radicou em um vilarejo chamado Tiruvasanalloor em Tanjavur. O nome do meu avô era Sri Rama Sharma. Os seus filhos e filhas eram: Vembu (Athai) (irmã do pai), Nilakanta Sastry (papai), Velambai (Athai), Vaidishvara (Chittapa) (irmão menor do papai), Dharmamba (Athai), Narayana (Chittapa) and Kutty (Athai).

Vaidishvara Sastry morreu de diabete e carbúnculo. Papai estava em um posto remoto e voltou para casa ao saber que ele estava seriamente doente. Ele bateu na porta da casa chamando 'Vaidishvara'. Quando lhe foi dito que ele estava morto, papai chorou muito. Dificilmente ele havia dado vazão às suas emoções dessa forma. Chittapa havia vivido em uma casa confortável com dois pátios. Ele tinha uma pequena carruagem com um pequeno pônei Shetland. Ele mesmo conduzia a carruagem, com apenas um assento – para ele próprio. Quando papai foi transferido de Kumbakonam para Trichinopoly, Vaidishvara Chittapa ainda estava vivo, mas doente. Sri Ram teve que ficar em Kumbakonam para finalizar o seu exame na escola. Ele morava com nosso tio e tinha seu quarto no andar de cima da casa. Sri Ram era solitário quando garoto, na casa do meu tio, embora o tio gostasse muito dele. Ele costumava chamá-lo de 'Mammu', e a cada dois dias ele o chamava e perguntava: 'Você está feliz e bem?'

Quando Sri Ram passou no seu exame, meu tio já havia falecido. Papai adotou a família de seu irmão e a única filha do meu tio, Parvathi, que tinha a minha idade. Ela esteve conosco até se casar, depois de atingir a idade de 12 anos de idade.

Quando papai foi transferido para Madurai, Sri Ram foi enviado para a casa do tio Ramachandran (o irmão de mamãe) para completar seus exames na escola. Minha prima, Lakshmikantan, tinha a mesma idade de Sri Ram e sentia atração por ele. Rukmini nasceu em Madurai. Ela era uma criança bonita e de peso acima da média, e mamãe não teve muitas dificuldades para criá-la.

Sri Ram, naquela época, frequentava a Escola Hindu de Segundo Grau em Madras. Uma vez ele foi punido e o mandaram permanecer de pé em um canto da sala ou sobre um banco. Papai, quando soube da punição, o retirou daquela escola. Sri Ram tinha quatorze anos quando passou no exame de conclusão do segundo grau. Foi dito incorretamente que ele havia sido reprovado. Sri Ram então voltou para a mesma classe. Quando lhe foi dito que havia passado, ele assim mesmo sentou-se na mesma classe até o fim daquele período. O professor, naquela ocasião, era o Mui Honoravel Srinivasa Sastry. Quando ele perguntou a Sri Ram o que estava fazendo sentado na mesma classe, ele respondeu calmamente que sairia no fim do período.

Ele então ingressou no Presidency College e morou no Victoria Hostel, onde Ramasubbier também estava residindo. Papai foi transferido de Madurai para Chingleput por volta de 1905. Nós tínhamos uma casa boa e confortável. Visalakshi nasceu muito saudável. Enquanto isso, Sri Ram mudou-se do Victoria Hostel para uma pequena casa. A casa era dirigida por um bom cozinheiro e velho serviçal, Krishnan. Foi combinado que Sri Ram visitaria Chingleput todo fim de semana – sábados e domingos. Ele vinha sextas à noite de trem. Os trens eram muito lentos, levando três horas para chegar em Chingleput. Ele voltava para Madras nos domingos à noite. Papai estava tão preocupado com sua saúde e conforto que pediu a Sri Ram para lhe escrever um cartão postal todos os dias. Certa vez, ocorreu que Sri Ram não escreveu por mais de duas semanas. Papai ficou muito preocupado e foi a Madras para ver Sri Ram. Papai o repreendeu (gentilmente) e disse que ele tinha que ter mais consideração no futuro. Na verdade, aconteceu que Sri Ram havia sido picado por escorpiões por três domingos consecutivos. Felizmente eles não eram do tipo venenoso. Daquela época em diante, e durante todo o período em que papai viveu, nós tivemos um pouco de doce (*payasam*) feito para Ganesh todas as sextas-feiras.

Com relação ao meu casamento em Chingleput, quando eu tinha apenas 12 anos de idade, de acordo com os costumes daqueles dias, ocorreu depois que os astrólogos aprovaram o casamento em um dia auspicioso. Casei-me com Jayarama Iyer, que era então apenas um estudante de bacharelado. Fui enviada para a casa dos meus sogros durante o festival de Deepavali. Estive lá somente por poucos dias. Pediam-me para cantar e tocar violino todos os dias. Somente recebi gentilezas da parte de todos, pai, mãe, cunhadas e outros. Nós dois éramos jovens e não conhecíamos um ao outro. Deixar subitamente os meus pais e particularmente Sri Ram e Padmanabhan, e ser colocada em circunstâncias e estilo de vida completamente diferentes, fez com que a saudade surgisse em mim como uma doença. Eu não conseguia comer nem dormir e me sentia extremamente infeliz, ansiando por cartas de minha casa e chorando frequentemente. Escrevi a Sri Ram e a papai sobre a minha condição. Papai veio e me levou de volta para casa, como alguém que estivesse seriamente doente.

Não havia escola para meninas perto de Adyar, pois era uma área pouco desenvolvida. A Sra. Besant conhecia muito bem o meu pai, teósofo muito dedicado. Ela o visitou na Convenção e perguntou se ele gostaria de enviar a mim (sua filha), para a Escola Teosófica de Meninas em Benares sob a guarda do Sr. e da Sra. B. Sanjeeva Rao. Papai imediatamente concordou. O Sr. Sanjeeva Rao era professor no Central Hindu College e o Sr. Arundale era o diretor.

Meu pai se aposentou quando tinha cinquenta e quatro anos de idade. Ele trabalhou a serviço do Maharaja Thondaman, de Pudukottai, o qual construiu o seu atual palácio. Depois de se aposentar de Pudukottai, começou a trabalhar em Bobbili, um pequeno lugar em Andhra [Pradesh], por um ano. Ele então encontrou o Cel. Olcott e foi iniciado[2] na Sociedade Teosófica. Comparecendo a várias palestras da Dra. Besant e lendo livros teosóficos, ele se tornou um ardente teósofo. Nossa casa foi construída fora da Sociedade Teosófica e foi chamada de 'Buda Villas'. Nós nos mudamos para lá. Sri Ram estava estudando para o seu bacharelado no Presidency College; Rulmini e Visalakhsi, Padmu e Yagna estudavam em escolas diversas. Sri Ram costumava ler livros sobre Napoleão com papai o escutando (os dois estavam muito interessados) e, nos feriados, ele lia por várias horas de uma só vez. A vida parecia muito interessante passeando pelos jardins da Sociedade Teosófica, encontrando pessoas de todas as nacionalidades e passando os finais de tarde na praia. Parti (para Benares) depois da Convenção com Padmabai Sanjeeva Rao e os irmãos Telang. A Srta. (Francesca) Arundale era a minha guardiã em Benares.

---

[2] Na época, o ingresso na Sociedade Teosófica era feito por uma breve e simbólica iniciação. (N. E.)

Eu estava na Escola de segundo grau quando papai se aposentou; residíamos em Guindy Road House, 'Buda Villas'. Ele estava muito cansado e pensou que Kaveri *snānam* (banhar-se no Kaveri) o ajudaria, na vila de Tiruvalangadu, onde sua irmã Dharmambal vivia. Esteve em Tiruvalangadu somente por umas poucas semanas. Ele apenas tinha febre baixa na parte da tarde. Mamãe foi até Tiruvalangadu e o levou para a casa do Tio Krishnaswamy (seu irmão) em Mylapore. Eu tinha vindo a Madras para as minhas férias de verão. Papai estava extremamente fraco, e a febre nunca o deixou até ele falecer em 2 de dezembro de 1919. Não havia antibióticos naqueles dias e, portanto, papai morreu de endocardite, uma doença para a qual não havia cura naquela época. Fiquei com ele até o último momento e perdi um dos meus períodos de estudo. Sri Ram levou a mamãe a Benares, Gaya e Nasik e imergiu as cinzas em Allahabad, em Triveni Sangam, onde realizou as cerimônias.

Em 1920, Rukmini casou-se com o Sr. Arundale. Os tios maternos ficaram chocados e não quiseram que minha mãe tivesse mais qualquer associação com eles. Mamãe ficou muito abalada e todos nós – Sri Ram, mamãe, Visalakshi – nos mudamos para Bombaim. Passado um certo tempo, durante minha visita a Madras, fui a casa do meu tio Krishnaswamy e estavam todos reconciliados.

Quando a família se mudou para Bombaim, nós vivíamos em acomodações pequenas e desconfortáveis e em diferentes lugares. Tínhamos apenas uma ampla sala em Khetwadi Main Road, e uma pequena cozinha e banheiro. Havia grande dificuldade de se conseguir água, particularmente porque morávamos no quarto andar. Sri Ram e mamãe tinham que obter água de uma torneira no térreo. Eles costumavam descer às 4:00 horas da manhã com baldes para obter água suficiente para a família.

Jamnadas Dwarkadas, um grande devoto da Sra. Besant, era muito apegado a Sri Ram e a Yagna. Quando Sri Ram estava trabalhando para o *New India*, solicitou a AB [Annie Besant] que ela permitisse que ele trabalhasse em seus escritórios em Bombaim. Sri Ram comparecia ao escritório meticulosamente todos os dias, sob todas as condições de tempo, somente para lhe dizerem que ele (Jamnadas) estava muito ocupado, e que Sri Ram poderia voltar no 'dia seguinte' ou alguns depois. Ele não recebeu nenhum pagamento e nós estivemos em circunstâncias muito difíceis por um ano. Vendi algumas joias de ouro da mamãe em Chellaram.

Shiva Rao, um querido amigo nosso de muitos anos, falou com a Sra.Besant sobre Sri Ram. Ela pediu a Sri Ram para ir imediatamente a Allahabad para trabalhar como editor-assistente do *The Leader*. Ele trabalhou lá por dois anos. Vasant nasceu lá. Depois Sri Ram voltou para o *New India* em Adyar. Shiva Rao também lá trabalhava.

Em outubro de 1963, Sri Ram escreveu suas reminiscências da Escola Hindu de Segundo Grau onde ele estudou, as quais revelam o padrão da educação na Índia naquela época:

> Fui um estudante do Primeiro Ano da Escola Hindu de Segundo Grau em 1898, sendo essa um bom exemplo do tipo de escola que existia na Índia naquela época. Os meninos viviam aterrorizados o tempo todo e eram punidos pelas faltas mais triviais. Por exemplo, eu costumava ter um tufo de cabelo, mas ele nunca permanecia amarrado, e sempre que o cabelo caía pelas minhas costas, me mandavam ficar de pé sobre um banco ou ficar de pé em um canto por vinte minutos ou meia hora.
>
> Eu era possivelmente um dos piores estudantes do ponto de vista de progresso nos estudos. O professor ensinava história em inglês, e o inglês era mais difícil de aprender do que a história. Uma das nossas lições em inglês era sobre criquete, mas nunca tínhamos visto o jogo. Pediam-nos para aprender tudo de cor, quer compreendêssemos ou não. Depois dos exames semestrais, o diretor visitou as salas de aula e deu em cada menino tantas pancadas com sua vara quanto era o número de matérias que o menino havia falhado em obter os graus mínimos. Felizmente, o professor levou mais de um dia para completar esta tarefa, e antes que ele pudesse chegar até mim, fui retirado da escola por meu pai. Fiquei muito feliz em deixá-la.
>
> Eu novamente estive na escola no sexto ano por quinze dias em 1904. Tenho memórias agradáveis do Mui Honorável (como ele era chamado) V. S.

> Srinivasa Sastri, que era o diretor naquela época. Eu era um dos candidatos que não havia sido aprovado no exame de admissão, e portanto fui colocado no sexto grau pela segunda vez. Anteriormente, eu havia estudado na Escola de Segundo Grau de Kumbakonam, e quando os nomes daqueles que haviam passado na admissão apareceram no Diário Oficial, meu nome lá estava.
>
> Assim, o Mui Honorável Srinivasa Sastry ficou muito contente com isso e me disse que eu deveria deixar a escola imediatamente e ir para a faculdade. Ele falou o seguinte: 'Olhe aqui, você passou.' Respondi: 'E verdade?', mas não exibi nenhum sinal de alegria, e ele então perguntou: 'Por que você ainda está aqui? Você pode deixar a aula.' Eu disse: 'Irei após o recesso do meio-dia.' Ele escreveu uma nota ao meu pai observando quão curiosa ou extraordinária foi a maneira que eu recebi a notícia de que havia passado.

Em novembro de 1955, durante suas palestras na Escola da Sabedoria em Adyar, a Sede Internacional da Sociedade Teosófica (ST), Sri Ram teceu alguns comentários incidentais sobre o estado da educação na Índia durante os seu período escolar:

> As escolas naturalmente melhoraram, mas durante o meu período escolar, as escolas na Índia eram na verdade desesperadamente monótonas. Os professores eram horríveis e os cursos eram mais horríveis ainda, e seguidamente havia péssimas relações entre o professor e os alunos.

> Os estudantes em minhas classes sentavam em ordem alfabética, e já que meu nome constava quase no fim da lista de chamada, eu me sentava no fundo da sala e fazia todo o esforço para não ser notado pelos professores. No que diz respeito aos exames, eles simplesmente não me interessavam. O que quer que eu tenha aprendido, aprendi depois de me livrar das mãos dos professores. Durante todo o meu período escolar e de faculdade, eu era como um fantasma que estava presente, mas que não comparecia. Meu propósito era não atrair a atenção dos professores, mas permanecer perfeitamente quieto no fundo da sala, nem mesmo olhando para eles caso olhassem para mim.
>
> Eu realmente me pergunto como consegui passar nos exames, mas às vezes um fantasma passa através de portas, e eles me deixaram passar através das portas da escola e da universidade. Meu *karma* foi escapar dele.

Ele prosseguiu com seus estudos no Presidency College, em Madras, com sânscrito e matemática como facultativos, e se graduou na Universidade de Madras (Bacharel em Artes) em 1908. De acordo com Elithe Nisewanger, sua secretária, quando ele posteriormente se tornou presidente da Sociedade Teosófica, "Sri Ram havia relatado a alguns de seus amigos que sua consciência ainda o atormentava pelo fato de que lhe deram o seu diploma universitário, quando ele sinceramente achava que tinha feito pouco ou nada durante os seus períodos escolar e de faculdade para merecê-lo. Ele considerou seriamente a possibilidade de ir até o reitor, ao Corpo dos regentes ou alguma outra autoridade similar, e dizer que ele não merecia ter recebido um diploma. Mas depois considerou que isso criaria um tal furor e rebuliço, que era melhor que ele permanecesse calado e aceitasse o diploma. Presumivelmente com reservas mentais!"

Em um tributo a Sri Ram, publicado no número comemorativo de junho de 1973 do *The Theosophist*, (a revista internacional da ST), o seu irmão mais jovem, N. S. Sastry, escreveu sobre o período de faculdade do jovem Sri Ram:

> Ele logo ingressou no Presidency College em Madras e tornou-se morador do Albergue Victoria. Meu pai lhe enviava uma mesada mensal bem generosa para os seus gastos, porque ele queria que seu filho tivesse um bom dinheiro no bolso para desfrutar a vida após pagar as contas mensais do albergue. Mas havia mais de uma pessoa morando no albergue que conhecia o seu 'amigo desapegado' muito bem! A tinta não tinha ainda secado no recibo da ordem de pagamento mensal, quando eles o cercavam e 'pegavam' dele cada centavo de dinheiro extra. Sri Ram dava todo o dinheiro muito voluntariamente e assim ficava sem um centavo em seu bolso pelo resto do mês. Esta qualidade de desapego, que o tornava em uma presa feliz, costumava enfurecer a família – mas não havia nada a ser feito em relação a isso.

Logo Sri Ram graduou-se Bacharel em Matemática na Universidade de Madras, obtendo uma boa colocação. Mas suas tentativas de obter um Mestrado não foram exitosas, pois naquela época a Teosofia havia entrado em sua vida e ele estava completamente absorvido nela. Ele se dedicou ao trabalho teosófico como um dos jovens trabalhadores da Dra. Besant.

Mas não deixemos que este retrato do período inicial da vida de Sri Ram engane o leitor ao apresentá-lo como um santo recluso e sério. Longe disso – ele estava completamente desperto para as boas coisas da vida e as desfrutava. Por exemplo, ele comparecia regularmente para a prática do críquete na faculdade e logo foi tachado como alguém não adequado para aquele jogo – ou qualquer outro jogo, na verdade. Em um jogo de críquete, onde Sri Ram atuava como jogador de linha; um *batsman* (batedor) arrogante bem-conhecido certa vez rebateu uma bola com muita força e dirigida diretamente a Sri Ram. Mas, surpreedentemente, Sri Ram se atirou na direção da bola, a pegou e a segurou como a própria vida. O *batsman* foi expulso do campo e todos aplaudiram o desempenho de Sri Ram. Quando o barulho cessou, ele ingenuamente se perguntou por que todos tinham aplaudido. Nem a dúbia distinção de ser o pior jogador nem o barulhento louvor de um desempenho ocasional o afetaram no menor grau.

Durante os seus dias de estudante, ele viajou de Madras a Ootacamund a fim de localizar um certificado escolar para um de meus irmãos, que estava demorando muito para chegar. O funcionário inglês que atendeu Sri Ram era excessivamente irritado – sabe-se lá por quê! Em uma atitude arrogante, característica daqueles dias, o inglês gritou: 'Você é um tolo.' Sri Ram respondeu calmamente: 'Você realmente acha isso? Pois bem, eu não acho.' E o assunto acabou ali mesmo! Nada podia perturbar sua serenidade.

Em uma outra ocasião, Sri Ram tinha decidido deixar crescer um bigode. Naqueles dias, garotos brâmanes do sul da Índia não exibiam bigodes e, por costume, todos eles eram perfeitamente barbeados na manhã dos seus casamentos. Naquela época, meu pai havia escolhido uma garota (a qual se tornou minha cunhada) para casar-se com Sri Ram e perguntou a ele a respeito da sua decisão. Naturalmente, esperávamos uma resposta relativa à garota, ao casamento, ao seu futuro, etc. Ao invés disso, Sri Ram nos brindou com a incrível resposta de que ele deveria ter a liberdade de manter o seu bigode de qualquer maneira. Todos ficaram estupefatos pela sua insistência em questão tão trivial, mas ninguém sabe até o dia de hoje o quanto ele deve ter gostado desta piada. Este último incidente mencionado é apenas um exemplo da recusa de Sri Ram, em qualquer período de sua vida, de ser cerceado por convenções – um dos traços mais notáveis do seu caráter. Ele também se recusou a observar as várias tradições frívolas conectadas com as cerimônias de casamento.

Em 1962, ele disse a um correspondente: "Você talvez esteja interessado em saber que durante o período escolar e a faculdade eu passei raspando em todos os exames, sem saber como, e finalmente falhei no grau de Mestrado, em matemática, dentre todas as disciplinas, no qual eu ingressei apenas porque meu pai queria que eu assim o fizesse."

Sri Ram veio de uma família teosófica, e ele havia visto o Cel. Olcott em Adyar. Ele estava presente na Convenção da Sociedade em 1906, quando o Cel. Olcott foi trazido dos seus aposentos no primeiro andar em uma cadeira reforçada por alguns dos delegados mais fortes, os quais se ofereceram para assim fazer quando a sugestão foi dada. O Coronel foi colocado na plataforma no Saguão e saudado de maneira muito afetuosa. Ele não tinha força suficiente para falar, mas deu sua benção.

Em 1908, Sri Ram casou com Bhagirathi. Eles tiveram dois filhos, Vasant and Vajra, e uma filha, Radha. Todas as suas crianças foram educadas em escolas teosóficas.

Sri Ram ingressou na Sociedade Teosófica em 1909, e seu diploma, assinado por Annie Besant, traz a data de 8 de fevereiro de 1909. Em uma de suas reminiscências sobre Adyar, ele se referiu à época em que C. W. Leadbeater (CWL), ao chegar em Adyar, em 1909, instalou-se no Bangalô Octagonal leste, próximo ao rio Adyar, onde, em um período anterior, fora auxiliado no desenvolvimento de suas faculdades clarividentes. Quando Sri Ram o visitou durante este segundo período de residência de CWL em Adyar, ele estava ocupado com o trabalho de ensinar Krishnamurti e seu irmão Nityananda e cuidar deles.

Em uma carta datada de 17 de março de 1959, para o secretário da Federação de Uttar Pradesh da Seção Indiana da ST, Sri Ram escreve:

> Eu fui de fato iniciado pela Dra. Annie Besant – tal como era a palavra em uso naquela época – na Sociedade durante a Convenção em Adyar em dezembro de 1908. Lembro que o Dr. Arundale também estava presente e trocou algumas palavras de passe com ela, para a nossa instrução.

O vínculo com Annie Besant viria a ser um dos mais duradouros em toda a sua vida, e ela foi, possivelmente, uma das influências mais profundas em sua visão da vida.

O seu primeiro emprego, em 1913, foi como professor na Escola Teosófica em Madanapalle, Distrito de Chittoor, Andhra Pradesh, a qual ele ajudou a estabelecer – o que é igualmente interessante por ser esse o local de nascimento de J. Krishnamurti. Seu salário era de 60 rúpias. Em 1957, ao ditar uma carta à sua secretária, Elithe Nisewanger, ele teceu os seguintes comentários a ela, sem perceber que ela estava tomando notas:

> A primeira vez que trabalhei depois da Universidade foi em Madanapalle. Acredito que aquele foi o ano mais feliz que tive. Eu me afeiçoei muito aos alunos da escola, e o papel de professor era secundário. Isso se devia em parte, também, porque eu estava em contato próximo com CWL. Na verdade, ele me encorajou e me incentivou a obter este trabalho, escrevendo ao diretor da escola a meu respeito. Na manhã em que deixei Adyar, ele desceu de seu apartamento e veio até o pórtico do Saguão Internacional para se despedir de mim.
>
> Foi também um ano muito feliz porque eu fazia visitas frequentes a Adyar; em média uma viagem por mês. Evidentemente, era uma viagem muito longa e cansativa. Eu tinha que ir para a estação, embarcar no trem noturno, às vezes no meio da noite mudar de trem e terminar a viagem em um *jutka* [um tipo de carroça] ou algum outro veículo similar. Eu era jovem e costumava passar o tempo durante a viagem de trem fumando. Embora eu estivesse absorvido na Teosofia, eu ainda era um jovem, mas uma coisa não se tornou obstáculo para a outra.

Sri Ram contou a Elithe que, em Madanapalle, hospedara-se com C. S. Trilokekar, o qual, por muitos anos, foi o diretor da Instituição lá. Ele estava plenamente cônscio da necessidade de levar as melhores influências possíveis aos estudantes, além do trabalho de ensino formal, o qual ele achava fácil e satisfatório. Ele era muito afeiçoado a todos os seus estudantes, e relatou que, em consequência disso, sentia seu interior brilhar, maravilhosamente, repleto de vitalidade o tempo todo.

Em 1914, ele lecionou em uma escola em Bangalore e se hospedou com Rama Rao. Aqui, disse ele, as coisas eram bem diferentes de Madanapalle, os alunos, na faixa etária de onze a treze anos, eram muito barulhentos e se comportavam mal de diferentes maneiras. Ele contou a Elithe que não tentou discipliná-los, mas que deixava o barulho e a confusão fluir sobre ele enquanto tentava desempenhar seu trabalho de professor. Em Bangalore, ele também estava muito preocupado em ajudar ativamente o movimento em prol do Governo Autônomo [para a Índia], se pronunciando de maneira forte em todas as ocasiões possíveis, de tal forma que ele adquiriu o privilégio duvidoso de estar sob a constante observação do Serviço de Inteligência Inglês (CID).

Em 1915, o terceiro ano de sua experiência no ensino, ele veio a Madras e lecionou em Royapettah, na escola sob os auspícios da ST, a qual posteriormente foi transferida a Guindy. Posteriormente, ele se tornou diretor-assistente desta escola de 1915 a 1919. Sobre este último ano, o comentário pessoal de Sri Ram foi o seguinte: "o meu ensino era apenas assim-assim".

A vida tinha outras coisas reservadas para ele depois dessa breve carreira de professor. Em uma carta escrita em 1955, Sri Ram disse: "Há uns quarenta anos, me foi dado por CWL o trabalho de cuidar de três garotos, e ele me escreveu muito gentilmente acerca disso, dizendo que era uma grande oportunidade que eu tinha de auxiliar o crescimento destes jovens muito promissores. Mas esses meninos eram uma tal chateação para mim que eu realmente não conseguia colocar o meu coração naquilo que deveria fazer, e se alguém algum dia perdeu uma boa oportunidade, essa pessoa fui eu. Ainda assim, tive outras oportunidades e talvez tenha feito algo com elas."

Mais tarde, ele disse a Elithe que aqueles três meninos eram Yagnesvara, um dos seus irmãos mais jovens, D. Rajagopal, que veio a ser gerente das publicações de Krishnamurti, e o birmanês Maung Maungji, que numa época trabalhou no Serviço Birmanês de Relações Públicas, Escritório de Londres. Ele mencionou que estes três estavam sempre brigando violentamente entre eles, e que ele havia feito tudo o que podia para evitar que se matassem, e, portanto, não havia, na verdade, nem 'coração' nem tempo para qualquer outra coisa!

Em uma carta escrita em 1953, Sri Ram passa ao seu correspondente informações sobre os seus irmãos: "Você me perguntou há um tempo sobre meu irmão mais jovem. Provavelmente, você se referia a N. Yagnesvara Sastry. Ele tentou cursar direito por um certo tempo e posteriormente foi superintendente dos Jardins de Adyar, mas no momento ele trabalha no Departamento Arqueológico do Governo da Índia, situado em um lugar muito bonito na Índia Central, chamado Māndu. Ele detesta a política, mas age com cordialidade. Se você se referia ao meu irmão ainda mais jovem, N. S. Sastry, ele está em Bombaim na empresa Philips Eletric Co."

Sri Ram nunca foi um conformista e deixou isso claro em toda a sua vida. Em 1908, ele raspou o seu brâmane ortodoxo tufo de cabelo. Ele foi o primeiro a empregar um cozinheiro *harijan* (desprivilegiado) em Madanapalle, em 1913, quando lá trabalhava como professor. Foi também um dos primeiros membros da ST a empregar, em seu lar, em Guindy, Madras, um serviçal *harijan* Ele ocasionalmente fumou cigarros entre 1913 e 1914 . Mais tarde, em 1920, ele apoiou sua irmã Rukmini Devi em seu casamento com George Arundale, numa época em que casamentos anglo-indianos eram condenados severamente tanto pela sociedade quanto pela tradição bramânica.

Seu irmão mais jovem, N. S. Sastry, comenta sobre um período difícil da sua vida:

> Após a morte do meu pai (em 1919), ele se defrontou com o que foi talvez um dos maiores desafios da sua vida. Havia sido decidido que minha irmã Rukmini se casaria com George Arundale. Isso representou uma afronta terrível para a ortodoxia da sociedade hindu daquela época, para a qual o casamento de uma garota brâmane com um homem inglês era uma abominação. Houve protestos de

> todos os lados. Reuniões públicas foram realizadas condenando o casamento como um ultraje. A delegação composta de homens eminentes urgiu a Dra. Besant a pôr um fim a este 'sacrilégio'. A poderosa imprensa do sul da Índia rugiu, cuspindo fogo e veneno com manchetes que diziam 'Os Modos Hindus e os Modos de Adyar'.
>
> Através de toda esta terrível tempestade, Sri Ram não vacilou como chefe da nossa família. Embora tivesse o apoio de pessoas eminentes tais como a Dra. Besant, ele era o chefe da nossa família, e a responsabilidade primeira caía sobre os seus ombros. Com coragem indômita e nervos de aço, diferentemente do homem que era a personificação da gentileza, ele encarou sozinho e sem ajuda, como chefe de família, a ira do sul da Índia. Parentes nos abandonaram e fomos vítimas de ostracismo. Mas Sri Ram era a nossa estrela-guia, particularmente para a minha corajosa mãe. A tempestade cessou, mas não Sri Ram. Ele emergiu dela melhor do que nunca.

Até mesmo quando jovem, Sri Ram exibia em seu caráter genuíno o espírito teosófico de liberdade e destemor na busca pela Verdade, não somente em questões filosóficas, mas também em assuntos práticos concernentes à vida diária.

Embora independente em sua mente, ele nunca foi desrespeitoso com relação às formalidades sociais que se requeria que ele observasse. Por exemplo, em 1958, em Los Angeles, lhe foi perguntado se ele alguma vez havia usado um turbante. Ele disse: "Somente duas vezes em minha vida", e descreveu aquelas ocasiões. A primeira vez foi quando ele recebeu o seu diploma da Universidade de Madras, e ele havia passado várias horas previamente praticando enrolar o turbante e obtendo o efeito correto. Era a norma durante a administração inglesa que os estudantes que recebessem os seus diplomas deveriam usar chapéu de formatura, ou se usassem a vestimenta indiana tradicional (como Sri Ram fez), eles teriam que usar o chapéu ou um turbante. Ele escolheu o turbante, pois pensou que o chapéu pareceria "ridículo" com a vestimenta do sul da Índia.

A única outra ocasião em que ele usou turbante foi quando alguém sugeriu que ele fizesse uma fotografia, com um pano de fundo tão notável quanto possível, pois isso seria útil para acompanhar uma solicitação que estava enviando para obter um emprego. Ele disse que lá estava, com um turbante, parecendo extraordinariamente meigo e inofensivo, como se a manteiga não fosse derreter em sua boca[3]. Ele então acrescentou que talvez aquele fosse um aspecto da sua natureza, e que cada pessoa tem muitos lados, podendo ser que a câmara tivesse captado aquele lado dele na foto com o turbante.

[3] Expressão que se refere a uma pessoa calma, não afetada pelas circunstâncias. (N. E.)

2

Trabalhando com Annie Besant

ANNIE BESANT veio para a Índia pela primeira vez em 1893 e houve uma imensa conexão entre ela e a alma da Nação. Ela trabalharia incansavelmente para a Índia até o fim da sua vida em 1933. Durante a sua presidência da Sociedade Teosófica, de 1907 a 1933, a ST experimentaria um enorme crescimento, com o número mundial de membros alcançando 45.000 em 1928. Ela iniciou inúmeras atividades, como a Ordem Teosófica de Serviço, a qual busca prover oportunidades de serviço inegoísta e compaixão prática não apenas para membros da ST, mas também para simpatizantes. O número de organizações educacionais e orientadas ao serviço que foram iniciadas sob sua égide é verdadeiramente impressionante.

Devido à sua completa paixão pelo *ethos* da Índia, a tolerância, percepção filosófica e espiritualidade profundas, e porque ela via a Índia como a mãe espiritual do mundo, Annie Besant foi capaz de tocar a alma e a consciência de milhares de pessoas, particularmente a geração mais jovem. Elas naturalmente responderam à sua dedicação sincera e completa à maior de todas as tarefas: a regeneração espiritual, educacional e política da Índia.

Exemplo de uma tal resposta é encontrado na mensagem de Jawaharlal Nehru, o primeiro ministro da Índia, à Loja Teosófica Usha, em Nova Delhi, em 1 de outubro de 1956, por ocasião do aniversário de Annie:

> Envio minha parabenização por ocasião do aniversário da Sra. Annie Besant. Para a geração de jovens atualmente, ela pode ser apenas um nome, e é possível que para alguns ela não seja nem um nome. Mas para a minha geração e outras anteriores, ela foi uma figura tremenda que nos influenciou muito. Não pode haver dúvida alguma de que na luta pela Liberdade da Índia, ela teve uma participação considerável.
>
> Além disso, ela foi uma daquelas que chamou nossa atenção para a nossa herança e nos fez orgulhosos dela.
>
> É certo que devemos lembrar desta grande personalidade e prestar atenção à sua memória.

Em uma palestra proferida em Adyar, em 17 de fevereiro de 1967, (ver *The Theosophist*, dezembro de 1982), Sri Ram relembra o profundo impacto que Annie Besant causava sobre suas audiências, e sobre uma conferência que ela proferiu em Adyar em dezembro de 1900:

Ela tinha uma voz melíflua; começava suavemente, e de forma gradual, a voz se tornava cada vez mais forte, de tal modo que, sem nenhum microfone, ela podia ser ouvida claramente no recanto mais remoto do Saguão [no edifício da Sede Internacional]. Estive presente em reuniões onde ela se dirigiu a três mil pessoas e todas elas podiam ouvi-la sem dificuldade; talvez não no começo, quando ela iniciava com uma voz baixa, mas logo depois disso. Ela possuía uma voz maravilhosamente vibrante e ressonante. *Lord* Edmond Montague, secretário de estado para a Índia, assinalou, em seu diário, a qualidade notável da sua voz. Ela mantinha a sua audiência fascinada por exatamente uma hora. De alguma forma, sem olhar para um relógio, ela parava de falar ao final exato do período determinado. Todos sentavam e escutavam, absorvidos, e para todos eles isso era uma profunda experiência espiritual. Ela utilizava gestos que eram dramáticos, mas eles não pareciam estudados, mas naturais.

A sua fala era carregada de emoção naqueles dias, e ela falava em sentenças longas e fluentes. Você pode notar este estilo em seus primeiros livros. Mais tarde, ela começou a falar de uma forma diferente, utilizando sentenças curtas e incisivas. Ela própria me disse que achava que o efeito era muito maior quando utilizava sentenças mais curtas, porque a audiência podia responder melhor a elas. Mas as pessoas gostavam do estilo antigo, com sentenças muito longas e belamente equilibradas. No final de sua conferência, o Cel. Olcott se levan-

> tava, colocava um chale ao redor dos seus ombros, e apenas dizia umas poucas palavras de agradecimento ou até mesmo nada, e ela então deixava o recinto.
>
> . . . Vi o Cel. Olcott naquela ocasião – em 1900 – e lembro-me de vê-lo novamente em uma conferência proferida pela Dra. Besant em 1904 ou 1905. Esta conferência teve lugar na grama a leste do primeiro Trilithon [um dos portais de granito em Adyar, consistindo de duas colunas verticais e uma peça horizontal]. . . . Esta conferência se deu naquela grama onde há um pequeno tanque de lótus presentemente, e o tema era 'Índia'. Lembro-me muito bem de quando a Dra. Besant falou para a audiência: 'Vocês, meus irmãos, que possuem o sangue dos *Rishis* em suas veias. . .' e assim por diante. Ela se sentiu tremendamente exultante com este pensamento, que produziu um efeito profundo na audiência. Ela comparou a Índia com uma Mãe cuja cabeça esta coroada com os Himalaias, os seus pés lavados pelo Oceano Índico, e os dois braços estendendo-se para o Oriente e o Ocidente.

Sri Ram foi um daqueles jovens que respondeu ao seu chamado. Esta e uma das suas reminiscências mais antigas de Annie Besant em Adyar:

> A Dra. Besant ministrou uma série de palestras há muitos anos (ao redor de 1901), no Saguão da Sede Internacional, sobre as grandes religiões do mundo. Estive presente em algumas delas, mas

sem compreender muito o que ela disse. Ela era uma figura bela, eloquente e eletrizante, e era ouvida com completa atenção, e ainda havia uma atmosfera especial da qual qualquer pessoa podia desfrutar, compreendendo ou não o que ela dizia. Ela tinha uma voz muito vibrante e melódica, e achei uma experiência interessante estar no saguão junto com todos os outros.

Em sua Conferência na Convenção Internacional em 1970, ele capturou o que havia atraído Annie Besant para a Índia:

> Foi a atmosfera de filosofia e religião, com o seu forte conteúdo ético, que atraiu a Dra. Annie Besant quando ela veio à Índia pela primeira vez e que a levou a adotar a Índia como sua Pátria-Mãe espiritual. Ela viu o ideal por detrás do factual, até mesmo quando o factual havia se deteriorado. Para ela, a Índia era a terra do *dharma*, dos mais sublimes conceitos de filosofia e religião, dos sábios e santos do passado, venerados pelo povo. Não era a Índia de [Rudyard] Kipling, embora ela seja pitoresca, mas que mostrava somente os aspectos superficiais da Índia dos tempos modernos, quando o país havia se degenerado e sofrido uma queda da sua condição anterior.

Ele recordou, em uma palestra do Terraço, em Adyar, em 13 de março de 1953 (ver *The Theosophist*, maio de 1988), o colega de Annie Besant, C. W. Leadbeater, a quem ele havia encontrado em sua chegada em Madras, procedente da Itália em 1909:

> Quando vim para Adyar em fevereiro de 1909, a presidente me alocou aquele quarto [o quarto Octagonal]. Lembro-me de ter visto C.W.L. lá. Ele costumava manter todas as portas abertas. Leadbeater tinha um modo de viver bem-definido; por exemplo, ele acreditava na necessidade de se ter o máximo de luz do sol e ar fresco, e, portanto, o tempo todo, a menos que estivesse chovendo, todas as suas portas estavam sempre abertas, de modo que ele vivia sem nenhuma privacidade quase todo o tempo. Ele não se importava com o sol e caminhava descalço, e também o vi caminhar descalço desde a vila de Urur até os Jardins Besant. Eu caminhei com ele, e também estava descalço. Ele pisou em um espinho e teve de equilibrar-se em uma perna para removê-lo. Apoiou-se em mim e disse: 'Eu diria que a areia está muito quente.' Nós dois estávamos em uma situação difícil. Mas ele acreditava muito em um modo de vida natural.

Em uma outra palestra do Terraço, proferida em 20 de março de 1953 (ver *The Theosophist*, junho de 1988), Sri Ram falou sobre a atitude que Leadbeater teve quando veio para Adyar:

> C.W.L. veio para Adyar sem quaisquer expectativas de progresso oculto. Teve uma atitude de dedicação verdadeira, esperando encontrar algum trabalho para fazer. Acho que ele tinha a ideia de

que provavelmente colocaria selos em envelopes ou varreria os quartos. Naqueles dias, os teósofos tinham muito pouco dinheiro, e Adyar não possuía um corpo de varredores e serviçais que tem no presente. Ele fazia um trabalho bastante humilde aqui; nada esperando, ele ganhou tudo. Este é um aspecto muito maravilhoso e significativo.

Annie Besant iniciou seu trabalho político na Índia em 1913. Em julho de 1914, ela comprou o jornal *Madras Standard* e mudou o seu nome para *New India*, o qual se tornou o veículo de suas atividades políticas. Annie Besant iniciou a Liga para o Governo Autônomo (*Home Rule League*) para a Índia em 1915, e Sri Ram nela ingressou em 8 de setembro de 1916, o que marcou para ele e ela um período de próxima colaboração. Ele ministrou conferências sobre o Governo Autônomo para a Índia em vários lugares, em 1917, durante o período de prisão domicilar da Dra.Besant pelo Governo de Madras.

Ele integrou-se à equipe editorial do *New India* em 1919 e continuou (com uma interrupção de dois anos) até dezembro de 1932. Foi o seu editor durante os anos finais daquele período. A interrupção acima mencionada refere-se a um período de trabalho como editor-assistente por dois anos (1922-23) do *The Leader* de Allahhabad, o qual, naquela época, era o mais influente jornal na Índia do norte. Ele também foi editor-assistente do jornal semanal *The*

Commonweal, editado por Annie Besant; e posteriormente, ele foi coeditor de *Conscience*, o jornal semanal conduzido pelo Dr. George Arundale.

Em 1952, ele comentou com a sua secretária Elithe Nisewanger sobre recordações de sua simpatia e compreensão pelas lutas das pessoas pobres. Quando ele trabalhou com a Dra. Besant no *New India*, era sempre o seu costume entregar a Bhagirathi todo o seu salário, pois ele sempre pensou que uma mulher nunca deveria se sentir dependente de seu marido; de que receber ou não receber dinheiro nunca deveria depender das boas ou não tão boas relações entre eles.

Assim, depois de entregar todo o seu salário, era o seu costume guardar apenas o suficiente para comprar um café e lanche diários na parte da tarde – ao redor de 8 rúpias por mês cobriam os gastos naqueles dias. Mas o escritório do *New India* estava situado em uma área pobre da cidade e sempre cheia de pedintes. Assim sendo, quando ele via as pessoas pobres e miseráveis, sempre dava a elas qualquer que fosse o dinheiro que tinha consigo a cada dia, e passava sem café e lanche; costumeiramente havia pedintes e, portanto, invariavelmente, não havia um mês em que ele tivesse dinheiro para lanches. Isso, ele disse, o fez compreender algo do que significa viver sem nada possuir.

Desta época vem uma história que mostra a natureza extraordinária de Sri Ram. O *New India* atraía uma quantidade de voluntários dentre os membros da ST naquele período. Um deles, um homem rico, que tinha um carro e um motorista, vivia no bairro de Adyar. Ele costumava oferecer a Sri Ram uma carona em seu carro para ir ao escritório do jornal de manhã, mas ele era muito irritado e frequentemente rude. Assim, embora ele pudesse ver Sri Ram caminhando a uma certa distância do portão principal da Sede em Adyar a fim de encontrá-lo, se pelo seu relógio era a hora designada para partir (8h da manhã), ele dizia ao motorista para deixar Sri Ram caminhar todo o trajeto até o escritório, o que às vezes levava duas horas, já que as facilidades de transporte eram muito escassas naqueles dias.

Ao chegar no escritório, o dito homem reclamava e insultava Sri Ram por ter chegado tarde (no seu ponto de vista). Nenhuma reação partia de Sri Ram, que permanecia calmo e focado no trabalho à sua frente. Isso, obviamente, deixava o homem ainda mais furioso. Este tipo de incidente aconteceu repetidamente por um longo período de tempo, mas nem mesmo uma só vez Sri Ram reagiu aos insultos e ataques pessoais a ele dirigidos.

Muitos anos se passaram e Sri Ram era agora o presidente da ST. Ao saber que o homem que trabalhou com ele no *New India* estava agora idoso e sozinho, sem ninguém para cuidar dele, e vivendo em uma outra parte da Índia, ele escreveu uma carta a ele, convidando-o para vir morar em Adyar, acrescentando: "Ha um lugar para você aqui." Quando o homem finalmente chegou em Adyar, ele era uma pessoa completamente mudada. Este é um exemplo muito claro e tocante de que, se vivemos os princípios fundamentais da Teosofia, podemos então ajudar as outras pessoas a sair do egocentrismo e da ira.

Como foi mencionado antes, Sri Ram casou-se com Bhagirathi, em 1908, e o casal teve dois filhos e uma filha. Embora ele estivesse profundamente imerso no trabalho teosófico e no movimento pelo Governo Autônomo, ele era muito dedicado à sua família. O que segue são recordações escritas por um dos seus filhos, S. V. Nilakantha, as quais são evocativas de Sri Ram e sua vida familiar em Adyar na década de1920.

Memórias de Adyar

> Em uma bela tarde muitos anos atrás, Radha e eu estávamos de pé no caminho ao lado do rio ao norte do prédio da Sede Internacional. Nosso irmão mais jovem não havia ainda nascido, e portanto devíamos ter quatro e cinco anos de idade, respectivamente.
>
> Um belo barco, que tinha até teto, estava amarrado nos degraus próximos ao rio. Utensílios, água e outros objetos estavam sendo embarcados. Havia um grupo de pessoas, incluindo meu pai e minha mãe, aguardando para embarcar. Lá estavam Malathi Patwardhan, B. Shiva Rao, D. K. Telang e Jadu (Jadunandan Prasad) e muitos outros cujos nomes não me são conhecidos.
>
> Então veio Krishnaji. Nós gritávamos 'Bijo, Bijo', e ele respondia: 'Caramba, eles estão aqui!' Ele nos levantou e nos abraçou. Depois disso todos eles en-

traram no barco para um cruzeiro ao luar.

Radha e eu fomos mandados para casa e para a cama. O barco então prosseguiria rio acima e até chegar às Eclusas de Adyar. Depois o barco flutuou descendo o Canal de Buckingham até alcançar Mahabalipuram (hoje em dia Mamallapuram), conhecida pelos britânicos como Sete Pagodas. Muitas vezes o barqueiro impulsionava o barco com uma corda e cintas ao redor do ombro. Como todos os passageiros eram magros e atléticos, inclusive meus pais, eles provavelmente se revesavam em ajudar na condução do barco.

Após chegar em Mahabalipuram, utilizaram o barco como uma base para fazer as refeições, para guardar água e para dormir. Não havia nenhum tipo de comodidades – nem água, nem bancas de chá e nem banheiros.

O canal era parte integral da infância do meu pai. Largas partes dele foram cavadas por seu pai. Minha avó, quando recém-casada, tinha que viajar sozinha para estar com o seu marido em alguma parte desolada e sem árvores da Coast do Coromandel, no período em que o canal estava em construção. Foi lá que ela aprendeu a falar telugu.

Meu pai estudou por vários anos no Presidency College em Madras. Como um jovem estudante, morou no Albergue Victoria ligado à Faculdade. Ele costumava dizer que a comida era muito ruim. O canal que corre próximo ao albergue ficava cada vez mais sujo, conforme a cidade crescia. Quando calouro, ele foi atirado no canal. Eu nunca perguntei se ele, quando se tornou um estudante sênior, atirou calouros no canal.

Em seus dias de faculdade, meu pai usava um casaco e um boné na aula. Durante todos os seus anos de estudo na faculdade, o casaco e o chapéu ficaram bastante gastos. Esta era uma questão difícil para ele, pois em toda a sua vida procurou apresentar-se bem. ‘Anna (irmão mais velho na língua tamil), você está vestido de forma imaculada’, como eu ouvia seu sobrinho R. Krishnamurthy dizer.

Meu pai usava um corte de cabelo curto. Esta não era a prática em nossa comunidade, a qual permitia apenas que a parte da frente da cabeça fosse raspada. A maioria dos meninos usava o cabelo longo, passavam muito tempo lavando, aplicando óleo e atando os seus cabelos. Até obterem permissão dos seus pais para cortar o cabelo, eles invejavam a aparência elegante do meu pai, e o chamavam, pejorativamente, de ‘*Dorai* Recortado’ ou ‘*Dorai* Pavão’. (*Dorai* era um termo pejorativo e se referia a patrões brancos).

J. Krishnamurti era um inovador em termos de moda. Ele experimentou vários cortes de cabelo e decotes para os seus *kurtas* [túnicas] e várias bainhas para os seus pijamas. Também tentou vários bigodes. Todos os seus seguidores o imitavam constantemente. Ele usou até mesmo longas suíças.

O meu pai era uma exceção. Ele nunca se desviou de seus kurtas (túnicas) meticulosamente costurados. Ele usava o seu *dhoti* [similar a um sarongue] em um estilo que ele chamava de 'Cristão Indiano'. Isto o habilitava a dar passos longos sem expor suas panturrilhas e pernas firmes. Ele não tinha roupa para esporte.

Um dia, Haffeez, o alfaiate, foi chamado para medir o meu pai para um par de *shorts* de cor cáqui. Isso ocorreu depois que a foz do rio Adyar foi aberta para o mar, e havia claras piscinas de água do mar sobre a areia dourada. Ele vestiu os *shorts* para me ensinar a nadar.

Numa certa tarde, ele levou Radha e eu até o farol. Tivemos que caminhar através da ponte para tomar um ônibus no posto de pedágio situado no lado norte da ponte. O ônibus só partia quando o motorista achava que havia um número suficiente de passageiros para justificar uma viagem.

O minarete mais alto da Suprema Corte de Justiça era o farol. Tivemos que subir uma longa e íngreme escada em espiral para alcançar o topo. Papai explicou como o conjunto de lâmpadas flutuava em mercúrio e movia-se por um mecanismo de relógio. O afável guarda do farol nos mostrou as maçanetas de metal usadas para movimentar o mecanismo. Ela era semelhante à maçaneta usada pelo motorista de ônibus para acionar o motor. Naquela época, não havia arranque automático.

Quando descemos do farol nosso pai nos levou para o outro lado da rua, para a Komala Villas, onde comemos sorvete. Só havia um tipo de sorvete, com as cores verde, branco e cor-de-rosa, e gostamos muito.

Muitos anos antes disso, a mesma Komala Villas era o local em que meu pai e o seu irmão, meu tio Padmu (N. Padmanabhan), competiam, quem comesse mais sorvete vencia a aposta. Papai era magro e o tio Padmu era um homem robusto, de físico forte. Eu soube, através da sua irmã, que meu pai foi o vencedor. Isso era inacreditável, pois meu pai comia pouco, para desgosto da minha mãe.

Meu avô construiu uma casa na Guindy Road, nº 1, para sua vida pós-aposentadoria. A família se mudou para este lugar isolado que, hoje em dia, é a localidade de comércio mais populosa em Adyar.

Ocasionalmente, meu pai, minha mãe e o tio Padmu íam ao cinema. Depois de caminharem através da ponte de Adyar, eles pegavam um ônibus para o centro da cidade – Mount Road. Havia apenas duas casas de cinema que exibiam filmes ingleses em preto e branco e mudos. Um homem caminhava de um lado para outro em frente à tela para explicar em tamil o que estava acontecendo. O projetor era iluminado por uma lâmpada tremulante, em forma de arco, e acionado laboriosamente de forma manual.

Ao fim deste emocionante entretenimento, eles tinham que voltar para a estação de Egmore a pé ou, se tinham sorte, em uma carroça puxada por um pônei ou *jutka* – percorrendo um pouco mais de dois quilômetros. Na estação Egmore, eles tomavam um trem de passageiros e desembarcavam em Saidapet. De Saidapet, eles continuavam por mais sete quilômetros e meio. Havia sempre carretas de bois na estrada, e assim, segurando-se na parte de trás de uma carreta de bois, eles marchavam, quase adormecidos, em seu cansativo caminho de volta para casa.

Papai era um homem atlético. Depois de trabalhar até tarde no Escritório do *New India* em George Town, ele às vezes caminhava de volta para casa pela praia – uma distância de mais de onze quilômetros. Ele seguidamente nos trazia pequenos brinquedos japoneses. Havia uma quadra de tênis perto de onde estávamos morando na ST. Embora minha mãe jogasse regularmente, meu pai não tinha tempo para esses jogos.

Quando ele não caminhava, se exercitava em casa, e quando éramos pequenos, nos dava grande prazer caminhar sobre o seu corpo deitado. Ele sempre subia a escada de dois passos a cada vez, em nosso apartamento de primeiro andar, mas ele nunca deslizou nos corrimãos como eu sempre fiz.

* * *

Sri Ram foi o secretário particular da Dra. Besant durante os anos 1929-1933 e o executor do seu Testamento. Em dezembro de 1931, ela lhe enviou um cartão, cuja mensagem fala por si mesma:

Shri Rāma
com amor e bençãos
por bom serviço prestado e devoção inabalável
21 de dezembro de 1931
Annie Besant

Persevera até o fim

Ele também tinha grande admiração pelo colega de A. Besant, C. W. Leadbeater, o qual, após a sua consagração ao episcopado na Igreja Católica Liberal, em 1916, era normalmente chamado de Bispo Leadbeater. Sri Ram havia também, como milhares na sua época, ingressado na Ordem da Estrela no Oriente em 1º de fevereiro de 1912. A Ordem havia sido criada no ano anterior com o intuito de preparar o mundo para a Vinda do Instrutor do Mundo, o Senhor Maitreya, de quem se acreditava que o jovem Krishnamurti seria o veículo.

Os escritos de Sri Ram revelam um profundo interesse nos ensinamentos de Krishnamurti, os quais ele considerava profundamente teosóficos. Ao contrário de muitos daqueles que insistiam em assinalar "contradições" entre os ensinamentos de Krishnamurti e a Teosofia, Sri Ram, de forma bela, mostrou como Krishnamurti estava apresentando a sabedoria atemporal de uma maneira nova, vital e revolucionária, através de sua ênfase inflexível no autoconhecimento. Portanto, não é surpresa que quando milhares de membros saíram da ST em 1929, na ocasião em que Krishnamurti dissolveu a Ordem da Estrela, proclamando que "a Verdade e uma terra sem caminhos", Sri Ram não apenas permaneceu ativamente envolvido no trabalho da Sociedade, mas também continuou a explorar os ensinamentos da Krishnamurti, embora não pertencesse ao círculo de seus companheiros mais próximos.

Em fevereiro de 1964, em seu Editorial no *The Theosophist*, Sri Ram comentou sobre o livreto de E. L. Gardner, *There is no Religion Higher than Truth* (Não há Religião Superior à Verdade), o qual havia sido publicado no ano anterior. Gardner, um estudante sério dos ensinamentos de Madame Blavatsky, era um membro proeminente da Seção Inglesa da ST, tendo sido seu secretário-geral no passado. O livreto criticou fortemente a influência da clarividência do Bispo Leadbeater na ST, declarando que "o Senhor Maitreya e os Mestres com quem CWL estava tão familirizado eram criados pelo seu próprio pensamento", um processo descrito por Gardner como "*kriyāśakti* inconsciente", o poder criativo do pensamento. Sri Ram escreveu:

É afirmado no livreto, 'Obviamente não houve nenhuma Vinda'. Eu acrescentaria nesta frase: 'tal como esperado'. Krishnaji está transmitindo um ensinamento, uma mensagem ou o quer que queiramos chamar, que é de grande valor e importância. Ele próprio é uma pessoa extraordinária, diferente de todas as outras em relação a muitas coisas. Será que não é possível que ele esteja cumprindo a missão à qual a profecia se referia? Mesmo após romper com a Sociedade e com as linhas tradicionais do pensamento teosófico, Krishnaji, em 1928-1929, asseverou ter alcançado completa identificação com a Verdade. Ele usou as palavras 'Uno com o Amado', e explicou – esta explicação esta impressa no livreto do Sr. Gardner – 'Para mim ele e tudo, é Sri Krishna, e o Mestre K.H., e o Senhor Maitreya, e o Buda, e contudo ele está acima de todas estas formas. Que importância tem o nome que você dá a ele?'

. . . E bem possível que tanto a Dra. Besant quanto o Irmão Leadbeater tivessem um entendimento a respeito do que era esperado, e assim criaram uma expectativa de acordo com as suas próprias ideias, de que [a Vinda] ocorreria, mas basearam a ideia central naquilo que eles tinham aprendido através do contato com as fontes Superiores.

. . . o Irmão Leadbeater, através das faculdades que ele tinha, provavelmente captou algo que tinha valor e era correto, contudo pode haver mesclado com certas ideias e predileções pessoais.

> Sinto que ninguém – e não apenas o Irmão Leadbeater – deve ser considerado infalível, e um tal ponto de vista é consistente, considerando o mais elevado respeito à pessoa em questão, e com fé em sua integridade.

Em uma outra ocasião, relembrando as atividades em Adyar e o ambiente de abertura e compreensão que o trabalho da ST havia criado, ele observou:

> E notável como na Sociedade Teosófica as pessoas de diferentes religiões, algumas muito devotadas às suas exposições e ideias particulares, todas se reúnem num espírito de amizade, sendo capazes de se interessar e compreender as ideias de outras pessoas. Conheci alguns hindus muito ortodoxos que viviam aqui, e que no passado jamais se aproximariam do Cristianismo, mas eventualmente se tornavam liberais e alguns deles até mesmo compareciam aos serviços da Igreja Católica Liberal quando o Bispo C. W. Leadbeater celebrava. Isso indica que a Teosofia é, em alguma medida, a Verdade expressa em diferentes formas.

O seu enfoque equilibrado em relação a questões controversas ou divisivas foi talvez o alicerce para a estabilidade que a ST possuiu na segunda metade do século vinte. Ele calmamente conduziu o navio teosófico através dos mares revoltos da era moderna ao mostrar o quão universal era a prática da Teosofia, afirmando que a última palavra sobre ela não havia sido dita. Mas antes que pudesse assim fazer, houve muitos anos de preparação, durante os quais sua sabedoria, firme gentileza e maturidade profundamente modestas aflorariam para tocar muitos membros da ST, como também muitas pessoas que entraram em contato com sua presença. Adyar estava gestando mais um futuro líder da Sociedade Teosófica.

3

Anos de Preparação

ANNIE BESANT faleceu em Adyar em 20 de setembro de 1933. O Bispo Leadbeater morreu em Perth, Austrália Ocidental, em 1º de março de 1934. Antes de morrer, ele enviou um telegrama ao Dr. George Arundale em Adyar, com a seguinte mensagem: "E estou morrendo aqui. Prossiga!" Dr. Arundale sucedeu a Dra. Besant como presidente da Sociedade Teosófica. Ele trouxe ao cargo um dinamismo e entusiasmo que estimulou muitos membros, particularmente os jovens, a levar adiante o trabalho da ST em um mundo diferente e desafiador. O seu lema era: "Juntos, embora diferentemente".

Durante a presidência do Dr. Arundale, Sri Ram serviu como tesoureiro de 1937 a 1939, secretário de Registros de 1939 a 1942, e vice-presidente de 1942 a 1946. Ele foi o presidente-adjunto para a administração de Adyar em várias épocas. Estas responsabilidades deram a ele grande experiência e habilidades administrativas que seriam necessárias mais tarde em seu trabalho como presidente.

Ele também serviu como chefe executivo da Liga para a Nova Índia, que foi sucedida pela Liga para o Governo Autônomo da Índia, e diretor da Escola Teosófica Besant em Adyar, desde seu começo em 1934 até 1938.

Em 1941, quando ele era o secretário de Registros, surgiu uma diferença de opinião entre ele e o tesoureiro em Adyar em relação a uma questão administrativa. Um nota que ele enviou a este último ilustra não apenas o seu caráter, mas também os princípios que o formaram:

> Não tenho desejo algum de 'pôr de lado' os pontos de vista sinceramente adotados por quem quer seja, muito menos os do tesoureiro numa questão que diz respeito tanto a ele como aos demais diretores da Sociedade.
>
> Nunca vou permitir (tanto quanto esteja em meu poder) que quaisquer aspectos técnicos se sobreponham às necessidades de equidade ou justiça ou aos interesses da Sociedade – como eu os entendo – mas felizmente há poderes investidos e caminhos abertos para se ultrapassar os obstáculos técnicos. Por isso, não há necessidade alguma de sermos inconstitucionais. Com a constituição se pode fazer todas as coisas aconselháveis ou necessárias.

Dr. Arundale faleceu em 12 de agosto de 1945. Ele foi sucedido por C. Jinarajadasa, o qual era afetuosamente chamado de Irmão Raja. Assim como o

Dr. Arundale, o Irmão Raja havia sido profundamente influenciado tanto pela Dra. Besant quanto pelo Bispo Leadbeater, e devemos a ele, dentre muitas outras coisas, a iniciativa de sugerir as investigações clarividentes de parte da Dra. Besant e de CWL, que culminaram com o livro *Química Oculta*, o qual foi editado pelo Irmão Raja. Ele estudou em Cambridge e era um erudito. Ele escreveu de forma inspirada sobre o papel da arte no desabrochar da consciência espiritual humana, a qual está intimamente associada ao desenvolvimento da faculdade da intuição espiritual que, de acordo com os ensinamentos da Teosofia, será a característica distintiva da humanidade futura. Ele fez várias turnês pelo mundo e dominava vários idiomas. Por exemplo, em sua segunda visita ao Brasil, em 1935, ele ministrou palestra pública para uma audiência lotada no Rio de Janeiro, falando em português fluente!

Também devemos ao Irmão Raja o fato de que ele foi o primeiro a organizar turnês internacionais de palestras para Sri Ram, o que ajudou a torná-lo bem mais conhecido no mundo teosófico. Sua primeira turnê ao exterior foi para a Nova Zelândia e a Austrália de 1º de dezembro de 1946 a 21de janeiro de 1947. Na Nova Zelândia, ele foi o orador convidado da Convenção do Jubileu de Ouro da Seção, realizada em Auckland, em dezembro de 1946, onde ele proferiu muitas palestras, uma das quais sendo "Uma Visão da Teosofia na Nova Era". No mínimo 570 pessoas estavam presentes em uma reunião para membros, e cerca de 700 pessoas quando ele se dirigiu ao público na primeira conferência da Convenção.

O falecido Jack Patterson, ex-secretário-geral da Seção Neozelandesa da ST, recordou a primeira visita de Sri Ram àquele país:

> C. Jinarajadasa, quando era presidente, enviou N. Sri Ram à Nova Zelândia, em1946, como seu representante na Convenção do Jubileu de Ouro da Seção Neozelandesa, realizada em Auckland em dezembro de 1946. A fotografia mostra ele com Geoffrey Trevithick, presidente da Loja HPB em Auckland, à sua esquerda na foto. Emma Hunt, secretária-geral, está à direita com Geoffrey Hodson próximo a ela. Todos os membros ficaram muito impressionados por sua maneira amável e sua profunda compreensão espiritual.

Em 1947, de 16 de agosto a 7 de novembro, Sri Ram fez uma turnê pela Europa pela primeira vez, visitando e ministrando palestras na Inglaterra, Escócia, País de Gales, Holanda e França. No País de Gales, ele foi o Convidado de Honra na Convenção Anual realizada em Cardiff, em 25 e 26 de outubro. O seu trabalho e a sua presença foram muito apreciados.

Em 1948, ele empreendeu uma turnê muito exitosa nos Estados Unidos, Canadá e Cuba. Ministrou conferências em quarenta e nove cidades, e calorosos tributos foram enviados a Adyar de cada um dos lugares que ele visitou.

Em março de 1949, numa carta ao secretário da Federação Teosófica Tamil, ele fez perguntas incisivas sobre o declínio do trabalho teosófico no estado de Tamil Nadu, no sul da Índia. Suas observações certamente se aplicam, em sua essência, ao trabalho de cada Seção Nacional e de cada Loja da ST:

> Por que o movimento teosófico esta lentamente morrendo na Terra Tamil, onde uma vez ele floresceu com robusto vigor? Em muitas Convenções anuais em Adyar não se ouvia senão vozes em tâmil, e o que se via era a mescla de irmãos de vários distritos tâmis? Ou, para apresentar a pergunta a partir de um ângulo mais prático, onde foi que nós falhamos, por que não conseguimos escrever um novo capítulo da história ?

Com relação ao tumulto que abarcou a Índia antes e depois de sua independência em 1947, a qual foi seguida pela noite escura da Partição [divisão territorial e política entre a Índia e o Paquistão], cujos efeitos residuais continuaram por um longo tempo, ele continuou:

> Os tempos são naturalmente difíceis para nós. Quando digo 'nós' quero dizer o povo como um todo. Pois temos sido submetidos a uma agitação após a outra; a uma série de tumultos que, por mais que sejam aparentemente estimulantes, foram calculados para romper aquela profunda integridade de compreensão que é necessária para apreciar a Sabedoria Divina e continuar a derivar dela uma inspiração sempre fluente para o nosso trabalho e o nosso viver.

No passado, quando nossos reverenciados fundadores e nossa falecida presidente, a Dra. Annie Besant, proclamaram a identidade de nossos antigos princípios com a verdadeira doutrina esotérica, a Sabedoria una universal, e justificaram muitos dos nossos costumes indianos ao explicarem o seu sentido original, nós aclamamos essas declarações. Mais tarde, quando nos foi dito que havia chegado o tempo para a Índia tomar o seu próprio lugar entre as Nações, nós respondemos avidamente a esta ideia. Mas ao assim responder aos chamados dessas fases anteriores de um plano ainda em desdobramento, será que fomos apenas superficialmente estimulados em nossas mentes, ou compreendemos em nossas profundezas alguma parte das verdades expressas naquele plano, as verdades de uma Sabedoria em florescimento? Aqueles que meramente se apegaram às velhas formas e usaram a Teosofia como uma justificativa para mantê-las, naturalmente diminuíram em número. Aqueles que estavam meramente deleitados pelo movimento político e encontraram nele uma válvula de escape para antagonismos escondidos falharam em captar a ideia construtiva necessária para levar adiante aquele aspecto do trabalho até a sua devida consumação.

A Teosofia existe para mudar a nós mesmos e mudar o mundo. Suas verdades devem sempre ser, e mesmo agora são, os meios de transcender as dificuldades presentes, quer sejam elas nacionais, internacionais ou individuais. E não podemos mu-

> dar o mundo sem identificar a nós mesmos com os seus interesses e seus problemas.
>
> . . . A Teosofia deve se tornar para nós um Poder vivo que continuamente transforma as nossas vidas. Nestes dias em que nossos pontos de contato com o mundo externo e tudo o que está acontecendo são muitos e variados, a transformação pode proceder de cada um desses pontos. Por outro lado, mudar a nós mesmos significa mudar as coisas pelas quais somos responsáveis. Cada um de nós é responsável, dentre outras coisas, por sua Loja; portanto, o que podemos fazer em nossas Lojas para refletir a mudança que está ocorrendo dentro de nós mesmos? Podemos pelo menos começar tornando nossas Lojas escrupulosamente limpas, arrumadas e fisicamente convidativas, e as atividades da Loja vivas, claras, iluminadas e interessantes. Um pouco de esforço da parte de cada um contribuirá muito para reviver a Teosofia rapidamente através da terra Tâmil. Se cada Loja puder ser uma pequena chama ardendo com uma qualidade que não pode ser encontrada em nenhuma outra parte, haverá pouca necessidade de esperarmos o público, pois ele virá até nós por si mesmo, e esta é a melhor maneira de disseminar a Sabedoria, a qual existe não para a nossa aceitação passiva, mas para uma transformação radical, começando com nós mesmos.

Em 1949, ele fez uma turnê pela Inglaterra, Escócia, país de Gales, Holanda, Bélgica e França.

O número de setembro de 1949 do *The Theosophist* mencionou que esta havia sido uma turnê muito bem-sucedida e que suas palestras foram muito bem-recebidas. Na Inglaterra ele foi o Convidado de Honra na Convenção Inglesa de 4 a 6 de junho e posteriormente fez um giro de palestras pela Seção. Na Holanda, ele compareceu na Convenção no Hague, em 25 e 26 de junho, como presidente honorário, e no encerramento da Convenção, ele foi eleito membro honorário daquela Seção. Na Bélgica, ele compareceu à Convenção Anual Belga em Bruxelas, em 3 de julho, como presidente honorário. Em Paris, ele compareceu ao Congresso Europeu e ao Jubileu da Seção Francesa, de 18 a 20 de julho. Em todos estes lugares ele proferiu conferências, e os relatos recebidos mostram que suas visitas aos vários países foram muito apreciadas.

Em 1950, entre 6 de abril e 6 de maio, Sri Ram fez um giro de palestras pela África pela primeira vez, visitando Nairobi, Zanzibar, Pemba e Dar Es Salaam. Em 1951, ele empreendeu uma turnê de palestras bastante longa – 3 de fevereiro a 1 de outubro – a qual incluiu Londres, Paris e os Estados Unidos. *The American Theosophist*, a revista da Seção Americana da ST, relatou que "a visita de Sr. Sri Ram ao nosso país foi memorável. Em todas as partes os membros expressaram profundo apreço por sua sabedoria e a elegante dignidade com a qual ele apresentou a Teosofia. . . . Ele fez uma contribuição valiosa ao trabalho na América".

Em 1951 lhe foi concedida pelo Conselho Geral da ST a Medalha Subba Row, por sua contribuição à literatura teosófica. Ele continuaria a escrever até o fim. Nos Arquivos em Adyar, estão preservados os manuscritos de vários de seus livros, escritos a lápis em sua bela caligrafia.

No ano de 1952, ele empreendeu outro extenso giro de palestras, de 3 de abril a 13 de outubro, ao qual incluiu África Oriental, África do Sul, Bulawayo, Inglaterra, País de Gales, Escócia, Irlanda, Escandinávia, Huizen, Bélgica, Alemanha, França, Áustria, Suíça e Itália para o Congresso da Federação Europeia, o qual marcou o começo do trabalho de conferencista do Irmão Raja cinquenta anos atrás. Foi relatado que o trabalho foi fortalecido e estimulado na Irlanda do Norte pela sua visita.

Sabendo que sua saúde debilitada não o permitiria viver por muito mais tempo, o Irmão Raja não aceitou indicação para uma potencial reeleição como presidente da ST. Agora amplamente conhecido e muito respeitado no mundo teosófico, Sri Ram foi eleito presidente e assumiu o cargo em 17 de fevereiro de 1953 – cuja data é lembrada por membros ao redor do mundo como o Dia de Adyar – no Saguão da Sede Internacional em Adyar, quando o Irmão Raja passou a ele o anel presidencial. Ele foi o único presidente ainda no cargo a assim fazer na história da Sociedade até agora.

O Irmão Raja escreveu no *The Theosophist* sobre o novo presidente:

> Com relação ao Irmão Sri Ram, ele possui uma qualidade que eu não possuo – uma compreensão e exposição filosóficas muito sublimes, e veremos isso cada vez mais à medida que ouvirmos sua mensagem. Ele caracteriza-se especialmente por possuir o atributo que chamarei de 'sábio'. Eu disse em meu último Discurso Presidencial, olhando em retrospectiva para todos os longos anos em que tenho estado na Sociedade, que tudo está bem com a Sociedade, esplendidamente bem. Agora, olhando para o futuro eu posso dizer, tudo estará bem, esplendidamente bem, sob a liderança do presidente Sri Ram.

Um ensinamento antigo diz que o mais sábio é aquele que é o mais humilde. Dentre os papéis de Sri Ram daquela época, foi encontrada uma nota escrita à mão, em sua caligrafia, com as seguintes observações:

> Se [sublinhado três vezes] eu for eleito, nada de adoração à personalidade, nada de falas de louvor, somente *uma* guirlanda, nada de parabéns pessoais, um discurso *de minha parte*, nada de bandeiras. Não há objeção a uma decoração simples do Saguão com folhas. Estarei disposto a me encontrar com qualquer grupo em uma recepção, já que se trata apenas de um meio de contato. Quaisquer mensagens recebidas podem ser lidas. Nada de orações nem música na reunião de inauguração. Nada apelativo. Doar comida ou roupas aos empregados *em honra do presidente que deixará o cargo* (alguns dias após à eleição). Não me importo em ser fotografado.

Os anos de preparação haviam chegado ao fim. A Sociedade Teosófica tinha um novo presidente, cuja liderança representaria um ponto decisivo de mudança em sua história. Referências pessoais aos Mestres e o autodeclarado *status* na senda espiritual chegariam ao fim. Embora profundamente enraizado nos ensinamentos centrais da Teosofia, Sri Ram nunca proclamaria um autor ou autores em particular como autoridades na filosofia teosófica. Seus escritos e palestras refletem a profundidade e a vastidão de uma mente verdadeiramente filosófica, que nunca estava cristalizada no nível da dissertação teórica, mas que fez com que a luz da Teosofia iluminasse os problemas da vida diária, da natureza da mente e sua atividade, o fato da morte e o mistério da consciência, entre outros muitos temas.

Talvez uma das razões que o tornaram um ser humano notável foi que, em sua própria vida diária, esta investigação estava plenamente viva, revelando riquezas de compreensão além de toda a descrição, as quais contudo manifestavam-se como profundo apreço, simpatia e respeito por todos que ele encontrava. Como muitos países disseram (e sentiram), sua vida estava impregnada com a fragrância da santidade.

4

Os Anos Presidenciais

Os vinte anos da presidência de N. Sri Ram representaram uma mudança muito importante no trabalho da Sociedade Teosófica e também na percepção de seus membros a respeito da natureza da Teosofia. Sua realização foi, na verdade, excepcional: trazendo uma mudança profunda e a ênfase no lado oculto das coisas, com seus respectivos fenômenos, para o foco na sublime ética da Teosofia, ou verdadeiro Ocultismo, e seu papel na transformação da consciência humana. Até o final da sua vida ele permaneceu grato pelas contribuições tanto da Dra. Besant quanto do Bispo Leadbeater, com quem havia aprendido muito, e ele estava completamente imbuído na essência da sua visão, baseada nos princípios da Sabedoria Antiga. Mas o seu esforço singular foi o de ressaltar a natureza da Teosofia como uma Sabedoria transformadora e não apenas como uma explicação dos processos em movimento no ser humano, na Natureza e no Universo.

Ele trabalhou incansavelmente, lidando com uma vasta correspondência e os seus vários deveres administrativos em Adyar, viajando e ministrando conferências amplamente, tanto na Índia como ao redor do mundo, por muitas vezes, ministrando cursos na Escola da Sabedoria, da qual era o diretor de 1953 a 1973, escrevendo livros que apresentavam as verdades da Teosofia em um idioma livre de jargão, revelando a grande profundidade da Teosofia e também sua profunda relevância para se alcançar a paz e a compreensão, tanto da mente humana quanto do mundo. Ele também recebeu muitos indivíduos que vieram a ele em busca de orientação, conselho ou ajuda. Sua vida era verdadeiramente uma vida consagrada àquele grande espírito de altruísmo e serviço inegoísta que é o próprio coração da Teosofia.

Em uma palestra realizada no Terraço, em Adyar, em 13 de março de 1953, logo depois de assumir o cargo de presidente da ST, ele mostrou sua atitude em relação àquele cargo:

> Algumas pessoas pensam que como presidente eu vou expandir as *minhas* ideias, a *minha* política, a palavra 'minha' sendo sublinhada. Gostaria de dizer que não tenho ideias, além de estar com a mente aberta e de considerar *todas* as ideias em relação ao trabalho que temos por fazer, não tenho ideias específicas às quais eu esteja apegado. Posso expressar certas ideias, mas pelo seu valor, e estou aberto a quaisquer outras ideias que possam ser propostas. Não tenho ideias ou políticas específicas que sinto devam ser realizadas; nenhuma ideia me foi comunicada desde os planos superiores para ser realiza-

da. Se tivermos uma mente aberta, e considerarmos todas as coisas, estou certo de que encontraremos nosso caminho através da vida da existência terrena.

Em maio de 1953, Sri Ram visitou Bangalore, onde os membros organizaram uma recepção para recebê-lo, seguida de uma palestra sua sobre "O Significado do Tempo Presente". Em julho, ele fez um giro de palestras pelo sul da Índia, visitando Salem, Coimbatore, Tanjore and Trichinopoly. Os títulos de suas palestras durante esta turnê foram "O Que é Teosofia?", "A Regeneração da Índia", "A Sabedoria Antiga" e "Arte e Beleza".

De 8 de agosto a 27 de outubro, ele visitou a Nova Zelândia e a Austrália, além de visitar Jakarta e Rangoon. Na Austrália, ele visitou Sydney, Brisbane, Melbourne, Hobart, Adelaide e Perth. O número de novembro de 1953 do *The Theosophist* relata que "para visitar as seis maiores Lojas da Commonwealth [união dos estados australianos] ele viajou mais de 5.600 quilômetros". Em Sydney, ele enfatizou que compartilhava sua responsabilidade como presidente com todos os membros, e disse: o trabalho como um todo é nosso trabalho. Ele proferiu duas conferências à noite no Teatro Savoy, na Rua Bligh e dois programas na Rádio 2GB, em Sydney; também três entrevistas gravadas, duas em estações comerciais tratando de Teosofia, e outra na rede Nacional em apoio à Campanha Anticrueldade na Semana Mundial para os Animais. Suas palestras públicas foram intituladas "O

Que é Teosofia?" e "A Busca da Felicidade"; os temas de seus programas de rádio foram "O Destino do Homem" e "Democracia Espiritual".

Ele foi informado, em uma conversa com o gerente-geral da 2GB, que a transmissão das palestras teosóficas daquela estação alcançaram um quarto de milhão de pessoas na região metropolitana apenas. Nos outros estados, também houve uma boa cobertura na imprensa, e um recorde de audiência. O então secretário-geral, J. L. Davidge, escreveu que "esta é a segunda visita do Sr. Sri Ram à Austrália. A primeira foi em 1946-47, entre dezembro e fevereiro. Para a Austrália foi auspicioso o fato de sua visita de 1946 ter sido sua primeira turnê fora da Índia, e a presente visita sua primeira turnê fora da Índia como presidente. Ele fortaleceu muito o trabalho na Austrália, criando uma predisposição em favor da Teosofia, por sua atitude aberta e amigável, por sua sabedoria e profundidade de compreensão.

No começo de novembro de 1953, ele compareceu à Conferência Teosófica no norte da Índia, realizada em Benares. Em janeiro de 1954, Sri Ram visitou Guntur para a 35ª Sessão Anual da Federação de Andhra e Circares, e em fevereiro, foi a Bombaim para participar do 75º Aniversário da chegada de Madame Blavatsky e Cel. Olcott em Bombaim. No mês de março, ele fez uma turnê pela Inglaterra, País de Gales, Irlanda, EUA, Cuba, Cidade do México, Toronto, Holanda, Bélgica, França, Alemanha, Suíça e Áustria. O número de novembro de 1954 do *The Theosophist* relata que "ele presidiu várias Convenções e Escolas de Verão e cobriu um vasto campo de trabalho público". Em dezembro do mesmo ano, ele presidiu a 79ª Convenção Internacional realizada em Benares.

No começo de 1955, Sri Ram fez um outro giro de palestras na Índia, visitando Bihar, onde inaugurou a Biblioteca Memorial Chandradeva; Nova Delhi, onde ele falou sobre "A Mensagem da Teosofia ao Mundo Moderno"; e Agra, Gwalior e Bombay. No início de março, ele visitou o Vietnam. O número de abril de 1955 do *The Theosophist* informou os leitores que "ele foi recebido no aeroporto de Saigon por vários membros e simpatizantes, incluindo o ministro de Ação Social, Sr. Nguyen-Manh-Bao, que é membro da Sociedade". Dirigindo-se aos membros, ele disse: "Estou muito feliz em ver que a Sociedade tem uma boa imagem neste país. Nos primeiros anos da Sociedade, a primeira apresentação sobre Teosofia, em sua forma presente, veio através de um livro intitulado *Budismo Esotérico*. Embora a Teosofia seja sinônimo da Verdade subjacente a todas as religiões, o título do livro indicou a afinidade que existe entre as revelações naquele livro e o aspecto mais profundo do pensamento budista. Talvez nas terras budistas, como o Vietnã, as pessoas venham a contribuir para o pensamento do mundo no que lhes for possível. Espero que haja muitas pessoas que possam mostrar como a Teosofia ilumina as ideias presentes no Budismo, e também ver o quanto há no pensamento budista que possa enriquecer aquilo que chamamos a nossa compreensão teosófica, e assim abrir perspectivas que não tínhamos previamente suspeitado que existissem." Quando ele visitou o Templo de Cao-Daiste, há aproximadamente 100 quilômetros de Saigon, foi recebido em grande estilo pelas autoridades de Cao-Daiste. No Cambodia, ele visitou as famosas ruinas de Angkor. No dia 8 de março, ele proferiu uma palestra pública sobre "O Mundo em Transição".

Em seu caminho de volta do Vietnã, em meados de março, Sri Ram visitou Calcutá e participou da 36ª Conferência Anual em Bengala, falando sobre "A Mensagem da Teosofia" e "Vida, Morte e Imortalidade". Ele também conduziu uma reunião de Perguntas e Respostas.

Incluímos neste capítulo vários extratos de cartas, notas, mensagens e ditados de Sri Ram, escritos durante o período de sua presidência. Eles servem para mostrar como os seus escritos e pronunciamentos públicos estavam em completa harmonia com suas comunicações mais reservadas. Também revelam sua natureza profundamente humana, simpática e compreensiva, a qual podia se relacionar com a essência de um problema ou situação e proporcionar conselho ou orientação que era clara, útil e efetiva. Alguns deles também revelam o seu senso de humor.

O que ele escreveu em uma carta de 7 de setembro de 1955 ilustra sua compreensão do trabalho da Sociedade:

> Tenho uma ideia mais ou menos clara da direção na qual o trabalho da Sociedade supostamente se desenvolverá, mas é difícil para mim, neste estágio, expressá-lo muito claramente em palavras. A Teosofia tem que ser apresentada como uma questão de vida e não meramente de doutrina. Ao mesmo tempo, em seu aspecto de uma verdade a ser compreendida ou realizada, tem que ser mostrado que ela é realmente uma síntese. Ela inclui, ou deveria incluir, a visão daquilo que chamamos de Ocultismo e, ao mesmo tempo, ela deve ser uma questão de realização individual.

Sri Ram enviou a mensagem seguinte, em 8 de setembro de 1955, aos membros da Sociedade Teosófica no Ceilão, agora chamado de Sri Lanka, na ocasião de sua primeira Convenção Anual depois de sua revitalização e restabelecimento como uma Seção:

> Nossa Sociedade é uma organização mundial, devotada a uma Sabedoria que não é nem puramente oriental nem ocidental, mas compreendendo o que é melhor e mais verdadeiro no pensamento de cada ramo da humanidade e de cada época e período. Em meio as cores desta síntese iridescente, os melhores pontos da filosofia budista, baseados nas eternas verdades pregadas pelo Senhor Buda, certamente encontram um lugar de significação que ilumina o todo.
>
> É trabalho dos teósofos do Ceilão descobrir ao mesmo tempo o verdadeiro significado dos ensinamentos associados ao Buda, como também mostrar sua relevância e relação com todas as outras verda-

des científicas, filosóficas e religiosas que possam formar parte do templo da Sabedoria Divina.

A mensagem que ele enviou em 15 de setembro de 1955, por ocasião do aniversário da Dra. Annie Besant, em 1º de outubro, revela a sua profunda admiração e gratidão por alguém que ajudou a formar a sua visão de mundo:

> À medida que os anos passam, a memória de nossa falecida líder e presidente, a Dra. Annie Besant, está fadada a desvanecer-se dos pensamentos das sucessivas gerações. Contudo, ela própria é uma daquelas Centelhas Imortais cuja influência nunca desaparecerá.
>
> Se procurarmos ver de onde vem a luz – tal qual ela existe – que nos mostra o caminho e nos provê inspiração para trilhá-lo, nós contemplaremos a sua fonte; e notadamente uma das estrelas que constituem aquela fonte é a Alma de Diamante que foi conhecida como Annie Besant.

De setembro a novembro de 1955, ele presidiu três Conferências teosóficas: "Rayalaseema", realizada em Cudappali em setembro; "Índia do Norte", realizada em Benares em outubro, e "Tamil", realizada em Ukkadai em outubro, a qual também comemorou o Jubileu de Diamante da Loja Ukkadai.

Na eleição presidencial, sua irmã, Rukmini Devi Arundale, foi a outra candidata. Um membro lhe escreveu e disse que ele havia apoiado Rukmini na eleição. Esta foi a resposta de Sri Ram:

Não me preocupou de forma alguma o seu apoio a Rukmini. Muitos membros acharam difícil escolher entre ela e eu. Isto é exatamente o que eu queria dizer. Eu não disse, conscientemente, nenhuma palavra a quem quer que seja, em país nenhum, a fim de influenciar a minha indicação, embora sentisse que era meu dever não negar meus serviços, se eles fossem requeridos.

O que nos vem de forma não desejada é, acredito, a nossa mais verdadeira responsabilidade. Quando buscamos, podemos estar buscando o que na realidade não nos pertence. O que nos vem de uma forma não buscada por nós tem que ser compreendido como vindo do *Karma*, a vontade dos Grandes Seres, a influência das 'estrelas'. Seja como for, eu darei o melhor de mim no cargo e estou certo de que você me auxiliará na medida em que puder.

Ele escreveu, em 1953, em uma mensagem de agradecimento às saudações e congratulações por sua eleição:

É muito gentil da sua parte expressar tamanha confiança em mim. Talvez, se cada um de nós fizer o melhor de si de forma sincera, sem limitá-lo por quaisquer noções demasiado concretas, o melhor de nós será tomado e usado pelos grandes Poderes [espirituais].

Expresso este pensamento porque vivemos em um mundo difícil e há muitas linhas de ação possíveis. Qual é a correta e a mais frutífera linha de ação para qualquer um de nós, digamos para mim mesmo, sempre é uma questão de profunda consideração. Suponho que se levarmos nossa Sociedade um estágio para a frente na direção correta, teremos feito o melhor que podemos fazer.

Em 15 fevereiro de 1953, ele escreveu uma pequena nota a Sra. Dinshaw, uma trabalhadora de Adyar naquela época:

> Muito obrigado por sua nota muito amável e todos os bons votos. Eu certamente necessitarei deles, tendo em vista o trabalho que parece estar se acumulando para mim. Naturalmente, podemos dar o melhor de *si*, e talvez isso seja tudo o que e necessário.

Em 12 de março de 1953, ele escreveu a Henry Hotchener, um membro da Seção Americana da ST:

> O seu foi um dos primeiros telegramas que recebi. Estou esperando por orientação em todo o trabalho que tenho que empreender daquelas Fontes as quais reverenciamos. O que quer que nos venha, sem que tenhamos de modo algum procurado, deve ser considerado como algo dirigido a nós por Aquelas fontes (ou enviado pelo *Karma*, individual ou coletivo). Eu me esforçarei para considerar esta responsabilidade sob aquela ótica e fazer tudo o que eu puder para cumpri-la dentro do espírito de que é parte do Seu trabalho para a humanidade nesta época. Muito obrigado pelo telegrama.

Além de seu extenso trabalho em Adyar, Sri Ram continuou a fazer giros de palestras a cada ano. Em 1956, de 18 de abril a 17 de setembro, ele visitou Atenas, Paris,

Porto Rico, América do Sul e América Central, México, Wheaton (EUA), Londres e Áustria.[4] Também compareceu ao 22º Congresso da Federação Europeia, realizado em Baden, próximo a Viena, de 8 a 15 de setembro. Em seu discurso de boas-vindas, ele disse: "Um Congresso é verdadeiramente um grande Congresso quando criamos durante o seu transcorrer uma atmosfera de boa vontade e afeição". Seu discurso inaugural foi sobre o tema geral do encontro: "O Surgimento de um Novo Ciclo". "A questão mais importante neste momento era", disse ele, . . . "de que modo pode a Sociedade Teosófica melhor cumprir o seu dever? Apresentado de forma ampla, o propósito não é nada menos do que a regeneração espiritual da humanidade." Durante o Congresso, ele proferiu uma conferência sobre "Uma Mente Nova para um Novo Ciclo". No encontro de encerramento, J. E. Van Diesel, secretário-geral da Federação Europeia, expressou "a esperança de que a Federação Europeia possa, por seu trabalho harmonioso, ajudar a estabelecer um verdadeiro Estados Unidos da Europa, no qual todas as nações participariam com liberdade e cooperação amigável. Sri Ram proferiu uma inspirada palestra sobre

---

[4] O seu tradutor, durante sua visita a vários países da América Latina, foi Alfredo Puig Figueroa, um dedicado membro da ST em Cuba que veio a ser, no futuro, presidente nacional da Sociedade Teosófica no Brasil. Ulisses Riedel de Resende, também ex-presidente da ST no Brasil, evocou suas lembranças da passagem de Sri Ram pelo Brasil: "A pessoa mais extraordinária que conheci em minha vida foi Sri Ram. A presença dele, de extrema simplicidade, transformava o ambiente. Quando ele entrava em um recinto, mudava toda a atmosfera. Era uma presença de dignidade, de paz, de esplendor". (N. E.)

viver a verdade da Teosofia na vida diária, e a seguir encerrou formalmente o Congresso".

Porque Sri Ram era um homem sábio, muitas pessoas naturalmente vinham até ele na busca de conselho, e em meio aos seus vários deveres como presidente, ele sempre encontrava tempo para responder as várias solicitações que lhe chegavam. Ele, no entanto, tinha uma regra com relação a conselhos:

> Pessoalmente prefiro dar conselho em termos gerais e fundamentais, deixando que a pessoa em questão o considere por si mesma, e então aja de acordo com o seu próprio julgamento acerca do que é melhor nas circunstâncias específicas. Esta regra respeita a liberdade do indivíduo de agir a partir de seu bom sentimento e bom senso.

Em fevereiro de 1957, ele ajudou uma pessoa a pagar sua passagem aérea. Em sua carta à pessoa em questão, ele disse:

> Estou feliz em poder lhe enviar o cheque de £80 [oitenta libras esterlinas] para a passagem aérea. Posso dizer a você que qualquer dinheiro que eu tenha, quer ele pertença a um Truste ou seja supostamente meu dinheiro pessoal, eu não o considero como meu de forma alguma, mas somente para ser usado da melhor maneira possível. Ele pertence da mesma forma àqueles que podem fazer uso correto dele, de acordo com meu julgamento limitado. De qualquer forma, esta é a minha atitude e o meu sentimento interno. Por isso, se alguém me agrade-

ce por alguma ajuda que sou capaz de dar, eu não sinto, internamente, que mereço tal agradecimento.

Ele não fez giros de palestras extensas em 1957, porque estava convalecendo de uma doença asmática que havia tido no ano anterior, mas visitou a Suíca, a Holanda e Paris de julho a setembro. Em 1958, de 10 de abril a 17 de setembro, ele viajou pela Seção Americana e visitou Londres e Karachi em sua rota. Em suas considerações iniciais na 7ª Convenção Anual da Seção Americana, realizada em "Olcott", sua Sede Nacional, de 12 a 16 de julho, Sri Ram disse: "Não podemos oferecer a beleza e a sabedoria da Teosofia para o mundo até que a tenhamos experimentado em nossos corações. Somente podemos ajudar o mundo quando expressamos em nossas vidas o espírito daquela Fraternidade para a qual a Sociedade existe. . . . Portanto, que a Convenção se torne uma profunda experiência espiritual, de forma que possamos melhor saber o real significado da Fraternidade". Vários meses antes da Convenção, Sri Ram viajou pelo país e falou em cidades através de toda a Seção. Naquele, a Seção deu as boas-vindas ao retorno de Clara Codd, ex-secretária-geral da Seção Sul-Africana e uma das distintas conferencistas e autoras da ST naquela época, e que permaneceu nos Estados Unidos por doze meses.

Em novembro, participou da Conferência Teosófica de Bombaim, realizada em Bhavnagar, proferindo uma série de palestras, incluindo "O Homem e o Universo", "Liberdade, Interna e Externa", "Uma Mudança de Coração" e "Para Onde Vão a Índia e o Mundo?" Em dezembro, ele presidiu a 83ª Convenção Internacional, realizada em Varanasi. No começo de janeiro de 1959, ele foi o convidado na abertura do Salão Memorial Kagal em Nova Delhi, também ministrando uma palestra sobre "A Regeneração da Índia". Em março, ele foi o convidado principal da Conferência Conjunta dos Circares de Andhra e Federação Teosófica de Rayalaseema, realizada em Hyderabad. Na mesma ocasião, ocorreu a primeira Conferência da Federação Teosófica Telugu. Em abril, ele participou do Jubileu de Ouro da Federação Teosófica de Karnataka, realizada em Bangalore. Além de uma cerimônia de plantar uma árvore, Sri Ram ministrou duas palestras naquele evento, "A Alma da Índia" e "Teosofia *ou Brahma-Vidyā*".

Após a repressão chinesa ao levante tibetano, em março de 1959, Sri Ram escreveu uma série de notas editoriais nas colunas de "A Torre de Vigia", no *The Theosophist*, sobre a difícil situação do Tibete e de seu povo, e da necessidade de as nações do mundo virem ao seu auxílio. Abaixo, um extrato do que ele escreveu em abril de 1959:

> A assertiva de que o problema no Tibete é uma questão puramente interna repousa, neste caso, em bases legalistas que são de validade duvidosa. E quando a doutrina de não interferência se faz absoluta, torna-se destituída de toda a validade moral e reduz a si mesma a uma direção de pura conve-

> niência. Hitler foi capaz de continuar impune com suas conquistas; em outras palavras, fazer essas conquistas e consolidá-las, porque mesmo quando ele chocou a consciência da Europa, aquela consciência não agiu. Deve haver um limite para o que é permissível, mesmo sob a égide da soberania nacional, um limite que deve ser definido e aplicado somente por uma consciência mundial expressa através de uma autoridade mundial.
>
> Espera-se devotadamente que as principais nações do mundo ponham em prática essa questão relativa aos seus conselhos combinados e tomem tal ação com relação a isso, de acordo com os mais elevados princípios e respeito pelo direito das pessoas de seguirem o seu próprio caminho consagrado pelo tempo, sem coerção ou interferência de outros.

Sri Ram continuou a viajar ao exterior todos os anos. Em 1959, de 18 de maio a 31 de agosto, foi mais uma vez à Europa e visitou Roma, Paris, Inglaterra, país de Gales, Irlanda, Islândia, Suécia, Finlândia, Dinamarca, Huizen e Alemanha. Na Irlanda, ele presidiu a sua Convenção em 13 e 14 de junho. E. O. Hornidge, o secretário-geral da Seção, relatou:

> A mera presença do nosso presidente teria sido suficiente para assegurar uma Convenção feliz e exitosa, mas seus discursos, sua amabilidade, sua gentileza e simpatia transmitiram aos membros um sentido de urgência para o serviço e o orgulho de estar associado com um movimento que era tão im-

portante e caro ao coração do orador. A palestra aos membros foi dada com simplicidade e sinceridade, e gerou uma atmosfera que somente pode ser criada quando a mente do orador evoca uma resposta que torna ele e sua audiência unos.

Ele também mencionou que "o presidente de uma palestra pública (domingo à tarde) ministrou uma palestra com o tema, 'O Significado do Tempo Presente', tendo elevado todos as presentes para além do mundo de cada dia, para o mundo dos valores espirituais e da atividade superior. A nota chave que o presidente soou em todas as suas palestras foi o Inegoísmo."

Sri Ram também presidiu o 23º Congresso Europeu da ST na Curio House, Hamburg, onde a Dra. Besant tinha presidido um Congresso muitos anos antes. O Congresso foi aberto em 2 de agosto de 1959. A nota-chave foi "A Europa num Mundo em Despertar". Em seu relato sobre o Congresso, publicado no número de outubro de 1959, do *The Theosophist*, Adelaide Gardner, um membro destacado da Seção Inglesa naquela época, escreveu:

> Na reunião de encerramento no sábado, o presidente proferiu um discurso profundamente comovente. Quando o aplauso cessou, um pianista solo tocou a base simples de 'Um Tema com Variações' de Beethoven, e a audiência sentou-se sem movimento enquanto tons de padrões coloridos eram tecidos ao seu redor. À medida que a música fluía, a vida do Congresso parecia se reunir e de-

> pois se derramar sobre a Europa, ampliada com a poderosa benção dos nossos Irmãos Mais Velhos. Na verdade, naqueles momentos se percebia que, como o presidente acabou de afirmar, o trabalho principal de tais encontros teosóficos é focalizar e distribuir, em uma forma altamente carregada de energia, o impulso para se compreender, para co-operar, e para vivermos juntos de forma fraternal – esta é a essência do Movimento Teosófico.

No começo de maio de 1960, Sri Ram presidiu a Conferência Anual da Federação Teosófica de Kerala em Allepey, ministrando duas palestras: "Para Onde Vai a Humanidade?" e "O Que é Liberdade?" Ele também tomou parte na celebração do Dia do Lótus Branco, realizada durante a Conferência. De 30 de julho a 5 de novembro, seus giros pelo exterior incluíram Ceylon (agora Sri Lanka), Austrália, Nova Zelândia e Jakarta. O número de novembro de 1960 de *The Theosophist* relata que ele presidiu a Convenção Anual da Seção Ceilandesa em Horona, em 30 e 31 de julho, onde falou sobre "Liberdade Interior e Exterior". Após a Convenção, ele proferiu duas conferências, uma sob os auspícios do YMCA (Associação Cristã de Moços) sobre "Oriente e Ocidente", e a outra sob os auspícios do Sr. James Pieris Trust sobre "O Mundo na Encruzilhada". Ambas as conferências atraíram grandes audiências. A caminho da Austrália, ele proferiu uma conferência em Cingapura. Na Austrália, ele visitou Brisbane, onde tanto ele como

Bhagirathi foram entrevistados no rádio em duas estações diferentes. Eles então prosseguiram para Sydney, numa quinzena repleta de atividades naquela cidade, antes de partir para a Nova Zelândia, onde sua turnê de palestras continuou por mais um mês.

Em fevereiro de 1961, ele compareceu na segunda Conferência Anual da Federação Teosófica Telugu em Bhimavaram e falou sobre "A Visão Teosófica da Vida". Continuando o padrão de giro de palestras anuais ao exterior, de maio a setembro, ele visitou Hong Kong, Manila, Ojai, México, América do Sul, Wheaton, Londres, Huizen, Itália e Paris. O *The Theosophist*, em seu número de julho de 1961, relatou que em Manila ele proferiu duas conferências públicas: "A Nova Ordem Mundial" e "A Natureza e Destino do Homem". Em 7 de maio, ele compareceu a uma recepção no começo da noite na Embaixada Indiana em celebração ao centenário do poeta Rabindranath Tagore. Uma terceira conferência pública foi proferida na Prefeitura para uma grande audiência. Chegando no México, no dia 18 de maio, ele proferiu uma conferência pública na Cidade do México sobre "A Presente Crise no Mundo Através de um Ponto de Vista Teosófico". No dia 21 de maio, ele inaugurou a nova Sede da Seção Mexicana. Sua última palestra foi sobre "O Significado da Teosofia". O secretário-geral, Arturo Vado Lopez, relatou o que segue sobre a visita de Sri Ram:

> Foi realmente um privilégio ter tido o presidente entre nós por quatro dias completos, nos deixan-

do sua influência e magnetismo notáveis, os quais apreciamos profundamente. Estamos seguros de que a presença do presidente aqui nos inspirará a continuar a trabalhar com um maior entusiasmo.[5]

Ele prosseguiu sua viagem para a Colômbia, onde chegou em 27 de maio, em Barranquilla desde San José, Costa Rica. Na Colômbia, ele foi recebido por Walter Ballesteros, um trabalhador muito dedicado da Sociedade na América Latina por muitos anos, que acompanhou Sri Ram através de toda a sua turnê pela América do Sul, sendo seu intérprete. Ele proferiu duas conferências em Barranquilla e três em Bogotá, para as quais compareceram audiências grandes e agradecidas. Em 1º de junho, ele chegou em Lima, no Peru, e na manhã do dia seguinte, visitou alguns do membros antigos e dedicados que de outra forma não o teriam encontrado. Na parte da tarde, ele recebeu o Prefeito, e à noite, ministrou uma palestra com o título "Teosofia e Teósofos".

Da Colômbia, ele empreendeu uma extensa turnê à Seção Argentina, a qual incluiu conferências e entrevistas, tanto na imprensa como no rádio. Os seus temas de conferências foram "O Enigma da Situação do Mundo", "O Homem e o Universo", "Um Mundo em Transição", "A Sabedoria Antiga desde o Ponto de Vista Moderno", "O Que é Teosofia?", "Beleza na Arte", "A Importância do Momento Presente", "A

[5] O Sr. Sri Ram também visitou o Brasil, acompanhado do Sr. Walter Ballesteros, que serviu como intérprete e ministrou palestras em várias Lojas. (N.E.)

Mensagem da Teosofia ao Mundo Moderno" e "A Juventude e o Futuro". Ele visitou as cidades de Mendoza, Rio Cuarto, Buenos Aires e Rosário. O secretário-geral, N. E. Rimini, relatou que "ele nos trouxe uma abundância de força revigoradora, a qual espero será aplicada ao trabalho que esta diante de nós".

Suas viagens na Índia continuaram anos após ano. Em outubro de 1962, ele visitou Varanasi para tomar parte na Conferência Teosófica no Norte da Índia. Parou em Calcutá, a caminho de Madras, e ministrou uma palestra sobre "A Mensagem da Teosofia no Mundo Moderno". Em abril de 1962, visitou Dodballapur, onde participou da Conferência Anual da Federação Teosófica de Karnataka e proferiu duas palestras. Em setembro, ele parou em Bombay, em seu caminho de retorno a Adyar desde a Europa, e ministrou uma palestra sobre "Um Novo Enfoque na Educação". Em outubro do mesmo ano, Sri Ram visitou Tanjavur para presidir a Conferência Anual da Federação Teosófica Tamil, viajando depois para Bangalore, onde ministrou uma palestra sobre "O Futuro da Humanidade". Em novembro, visitou primeiro Baroda para participar da Conferência Anual da Federação Teosófica Gujarati e, mais tarde, Dhar, onde ele foi orador convidado da Conferência Anual da Federação Teosófica de Madhya Pradesh e Rajasthan. Suas palestras naquela conferência incluíram "O Homem e o Universo" e "A Situação do Mundo em Geral".

Em 1963, lhe foi solicitado dar o seu ponto de vista sobre a questão da morte e da eutanásia:

Não é realmente necessário eu lhe dizer que a morte vem para todas as pessoas, por mais que a vida possa ser prolongada de uma forma ou de outra. Indo direto ao assunto, este fenômeno universal não é uma calamidade, embora seja difícil compreender este fato devido à separação daqueles aos quais estamos apegados, e porque o fim é precedido em geral por uma má condição ou outra do corpo físico.

Já que este é o caso, *pessoalmente sinto* – outros podem sentir diferentemente – *que eu não gostaria de prolongar minha vida por alguns meios desesperados ou anormais, se me encontrar próximo ao fim do meu termo.*

Ele escreveu sobre a questão de cerimônias funerais para um membro indiano da ST:

Sabendo pouco sânscrito, decidi, quando meu pai morreu, em dezembro de 1919, que eu não realizaria as cerimônias e nunca as fiz. As afirmações que são feitas [nelas] são muito estranhas. Nenhum dano pode advir, nem para aquele que partiu nem para os que sobreviveram pelo fato de descartarem estas cerimônias.

A melhor maneira de ajudar o seu pai é pensar nele com afeição, desejando-lhe toda a felicidade e progresso interior, onde quer que ele esteja. Meu conselho a você nesta questão seria permanecer firme contra a pressão de parentes e amigos ignorantes. Tenho sofrido muita pressão de vários tipos durante o curso da minha vida, mas consegui de uma maneira bem-humorada prosseguir em meu caminho.

O que segue é parte de uma carta que ele escreveu em 1953 sobre como encarar pressões externas:

> Por favor, não pense que estou pregando tudo isso especialmente a você, pois eu mesmo estive nesta condição em circunstâncias diferentes. Agi de acordo com as minhas próprias convicções individuais, e fui contra os pontos de vista da sociedade e do meu círculo imediato de parentes e amigos em mais de um caso em minha vida. Estou dizendo isso não para dar uma ideia de minha própria capacidade de elevar-me acima das circunstâncias, mas meramente para indicar que muitos problemas são satisfatoriamente resolvidos e podem ser resolvidos somente quando o indivíduo em questão decide exercer a liberdade que ele possui – liberdade para pensar e agir da melhor maneira possível.
>
> A Teosofia nos dá a compreensão do que é o ser humano interiormente e verdadeiramente. Quando se ganha esta compreensão, mesmo em pequena medida, muitas das ideias aceitas na sociedade e no ambiente caem por terra; a vida é simplificada e se torna comparativamente fácil.
>
> Espero que esta carta tenha lhe trazido alguma ajuda em suas dificuldades.

De acordo com Elithe Nisewanger, secretária de Sri Ram por muitos anos, e a quem devemos muitos destes extratos e notas cuidadosamente preservados, um dos ditados favoritos do Dr. George Arundale era que “não existe ninguém deste lado dos Himalaias que seja perfeito". Em uma carta escrita em 1952, Sri Ram parece referir-se a este ditado enquanto escrevia um conselho sobre o progresso espiritual:

> Espero que você não me acuse de excessiva modéstia se eu disser que não estou de todo seguro se meus pés estão de fato plantados de forma suficientemente firme na senda de forma a não cair. Posso ir além e dizer: não conheço ninguém deste lado dos Himalaias que está de alguma forma próximo daquelas encostas mais elevadas às quais você se refere.
>
> O que não significa que não haja grandes pessoas na Sociedade ou mesmo fora dela. A Verdade, escrita com V maiúsculo, é algo tão maravilhoso e tão imensurável que nenhum de nós esta numa posição até mesmo de julgar sua magnitude. É por isso que não damos muita importância às pequenas diferenças que existem entre nós.
>
> É dito em alguma parte de *Luz no Caminho*[6] que a distância entre o bom homem e o pecador é nada se comparada àquela entre o bom homem e o homem que alcançou o conhecimento. Não estou citando as palavras exatas.
>
> Seja como for, enquanto houver aspiração pela Verdade, que é sinônimo de Bondade e Beleza impessoal, há esperança. E classifico você, eu mesmo e muitos outros a quem conheço como estando entre os esperançosos.

---

[6] COLLINS, Mabel. Brasília: Editora Teosófica, 1999. (N. E.)

Em outubro de 1968, respondendo a uma carta escrita a ele pela Dra. Grazia Marchiano, de Roma, que havia aparentemente chamado Sri Ram de um "Mestre", ele escreveu:

> Não sou um 'Mestre' em nenhum sentido. Embora ocorra de eu ser o presidente da Sociedade, sou apenas um estudante e um trabalhador na causa teosófica, como muitas pessoas.

A Voz do Silêncio[7], adverte o peregrino: "Tem paciência, candidato, como quem não teme o fracasso, nem corteja o êxito". Um membro de San Francisco escreveu para ele acerca de um sentimento de fracasso. Sua resposta, em março de 1962, revela uma profunda percepção e compreensão da psique humana e suas complexidades:

> Recebi sua carta há um tempo, na qual você disse que está se sentindo 'triste e melancólico' em função do seu fracasso aparente. Você também relatou o julgamento de que foi alvo no outro lado [durante o sono] e do qual você lembrou [ao acordar]. Gostaria de dizer em relação a isso que não se deve confiar inteiramente nessas impressões oriundas de sonhos. Pode ser que você tenha, em seu subconsciente, um medo profundo do fracasso, e assim construiu essa cena durante o sono e a trouxe à memória consciente. Não há realmente nenhuma razão para o medo do fracasso, exceto que queremos ser bem-sucedidos. Mas será que não é possivel adotar uma atitude de se estar con-

[7] BLAVATSKY, Helena. Brasília: Editora Teosófica, 2012. (N. E.)

> tente em fazer o melhor que podermos sem ansiar pelo sucesso e sem ter medo do fracasso? Suponho que não gostamos de fracassar porque nos dói pensar que não somos aquilo que imaginávamos ser. Mas em nosso estágio – certamente incluo a mim mesmo aqui – não podemos senão fracassar, até mesmo repetidamente, se nosso propósito ou ideal é suficientemente elevado. Se o sucesso saúda os nossos esforços, muito bem, mas se nosso trabalho fracassa, ainda assim podemos continuar com contentamento. Não existe ninguém que não fracasse realmente, mas as pessoas julgam tanto o sucesso quanto o fracasso pelo que elas veem na superfície. No final das contas, é claro, tudo está fadado a dar certo, e nossa impaciência realmente torna as coisas difíceis para nós nesse meio tempo.

Aqueles que não tiveram o privilégio de conhecer Sri Ram, e que são apenas familiarizados com os seus escritos, podem ficar surpreendidos em saber que ele tinha um senso de humor único. Em 10 de dezembro de1955, Elithe escreveu a seguinte nota para Edwin Lord, o Tesoureiro da ST naquela época:

> Eu suponho que você deve ter ouvido muitas piadas acerca do seu nome. Mas devo lhe passar esta brincadeira de Sri Ram sobre o seu nome, já que é um exemplo excelente de como ele é rápido no que concerne a observações engraçadas.
>
> Eu tinha a sua Ordem de Nomeação comigo pronta para a sua assinatura quando ele voltasse da pequena

cerimônia de admissão, mas apenas sobre uma mesa em meu escritório a fim de entregá-la quando viesse para o andar de cima. Não havia uma cadeira naquela mesa – eu esperava que ele fosse levar os papéis para a sua própria mesa para assiná-los. Mas ele imediatamente pegou a minha caneta, ajoelhou-se em frente a minha mesa, de modo a estar a uma altura confortável para a assinatura, pensei eu, e anunciou:

Eu me ajoelho, pois faço isso para o Senhor.[8]

Em resposta aos votos de feliz aniversário de um grupo reunido na manhã de seu aniversário no prédio da Sede Internacional em Adyar (15 de dezembro de 1953), Sri Ram disse:

> Se me fosse perguntado por alguém: 'Você esteve ao redor do Sol sessenta e quatro vezes; o que você viu?' Eu teria que responder simplesmente: 'Nada de novo!'

Muitos anos depois, em 1970, quando alguns membros vieram saudá-lo em seu 81° aniversário, ele respondeu: "Meu Deus, cada vez mais perto de Ti." Em 21 de novembro de 1957, não pôde ir ao escritório porque estava com dor de garganta e tosse. Ele enviou a seguinte nota à sua secretária:

> Cara Elithe,
>
> Devido à dor de garganta e muita tosse, eu não pude ir ao escritório esta tarde. Eu disse a Em [Emma Hunt] que acreditava que não poderia falar no dia seguinte

---

[8] No original em inglês: *Lord.* (N. E.)

pela manhã. A resposta dela esta no verso desta folha. Eu irei ao Saguão às 16h:15min no caminho para a casa da Dr. Sivakamu. Se quiser me ver para o que quer que seja necessário ou para que eu assine qualquer carta, você poderia fazer o favor de vir até aqui?

N.S.R

[muito desagradável, dolorido e barulhento]

O que segue foi o comentário sobre a linha de congratulação ao encerrar sua carta, na qual submetia sua Declaração de Imposto de Renda, em 1º de abril de 1957:

Verdadeiramente seu,
não falsamente

Em uma reunião do Conselho Geral, quando o secretário de Registros colocou as Atas da reunião de 1955 em votação, Sri Ram disse: "As atas – e os segundos – estão aprovados". Depois que o Tesoureiro chamou a atenção para o grande déficit e se referiu à esperanca de algumas doações e contribuições para compensá-lo parcialmente, Sri Ram disse: "Há um excedente de otimismo para equilibrar o *deficit*".

Em 15 de junho de 1960, ele escreveu uma nota à sua secretária sobre a administração da Sede Internacional:

Norma [Norma Y. Sastry] e o Comitê em geral parecem estar dando conta do seu trabalho muito bem. Isto resultou ser uma boa ideia – quero dizer, a ideia de um Comitê para a administração. Depois de criar várias coisas, o Senhor disse que era bom, e era bom.

Posso estar citando a Bíblia de forma não muito fiel. Afinal de contas, sou apenas um pobre pagão!

Em uma carta, ele comentou brevemente sobre sua atitude em relação ao humor:

Não sei se eu seria capaz de escrever um tal artigo sobre o humor, como você me pede. Acredito que eu tenha um senso de humor, mas não estou familiarizado com literatura, drama, cartoons, etc., de forma suficiente para examinar o tipo de humor expresso nelas.

Os cartoons, em particular, nunca me atraíram, mas o Irmão Raja costumava lê-los. Acho que ele gostava dos que eram publicados no *Punch* (Londres) e no *The New Yorker*.

Em sua carta, posso claramente ver o argumento de que não deve haver no assim chamado humor moderno algo que o recomendaria a um espírito refinado e humanitário.

Em 1962, de junho a setembro, Sri Ram viajou pela Europa, visitando Paris, Inglaterra, Dinamarca, Suécia, Noruega, Huizen, Austrália e Atenas. Presidiu o Congresso Europeu em Swanwick, Inglaterra, e as Escolas de Verão na Dinamarca e na Finlândia. Na Áustria, presidiu o Jubileu de Ouro da Seçãoo Austríaca de 1 a 3 de setembro, onde proferiu uma conferência pública sobre "A Presente Crise Mundial", a qual foi traduzida pelo Dr. Norbert Lauppert.

Na Inglaterra, Sri Ram presidiu uma reunião consultiva do Conselho Geral da Sociedade, a qual ele havia convocado, pois muitos membros do Conselho já estariam presentes para o Congresso Europeu. Várias questões foram discutidas, uma delas sendo a seguinte: "Deve a Teosofia ser limitada a quaisquer escritos em especial, tais como os de HPB, *As Cartas dos Mahatmas*[9], e/ou qualquer outro livro"? Ele relatou ter encontrado este problema em suas viagens. O Anexo das Atas do Conselho Geral daquele ano, que registraram as discussões ocorridas durante a reunião consultiva realizada em Swanwick, inclui o seguinte:

> A pergunta foi levantada sobre qual deveria ser a linha a ser adotada quando Madame Blavatsky e outros diferiam. A divisão dos ensinamentos como 'Teosofia' e 'neoteosofia' ou 'Inspirados' e 'Não Inspirados' foi mencionada. Mas o ponto de vista geral foi de que não se deveria considerar ninguém como inspirado e infalível. A própria Madame Blavatsky disse que ela somente estava expondo uma porção da verdade.
>
> Afirmou-se que interessados às vezes querem saber a visão 'teosoficamente aceita', por exemplo, da reencarnação, e que certas pessoas ficariam assustadas se lhes fosse dito que deveriam buscar por si mesmas; elas queriam ser guiadas. Poderíamos dar orientação a essas pessoas e responder as suas perguntas, acrescentando que esse era apenas o nosso ponto de vista pessoal. Um enfoque livre e aberto deveria ser encorajado, cada um aceitando o que

[9] Editora Teosófica: Brasília, 2000. (N. E.)

ele sentiu e compreendeu como sendo a verdade.

Em outubro de 1963, Sri Ram visitou Kanchipuram e falou para a Conferência Anual da Federação Teosófica Tamil. Em dezembro, ele mais uma vez presidiu a Convenção Internacional realizada em Varanasi. O ano de 1964 foi um ano bem ocupado em suas viagens na Seção Indiana. Em fevereiro, em Madras, ele presidiu o Jubileu de Prata da Loja Besant, Federação Teosófica de Madras, e falou sobre o significado da Teosofia e como ela pode ajudar o homem a levar uma vida repleta de propósito. Em março, ele compareceu à Conferência Anual da Federação Teosófica Telugu em Anakapadi, e em abril ele visitou Kollegal para a Conferência Anual da Federação Teosófica Karnataka.

Houve uma outra turnê extensiva pela Europa em 1964, de abril a julho, desta vez Sri Ram visitando Atenas, onde compareceu na Conferência Anual da Federação Europeia, a Convenção Anual da Seção Italiana em Perugia, e a Convenção do País de Gales em Cardiff. Ele também presidiu a Convenção Inglesa em Londres e compareceu nas Convenções da Escócia e da Irlanda do Norte, realizadas em Edinburgh e Belfast. Ele visitou Bruxelas, Huizen, Alemanha, Dinamarca e Paris.

O secretário-geral da Seção Inglesa naquela época, V.Wallace Slater, fez um relato sobre "um destaque do ano teosófico inglês e a Conferência de fim de semana em Camberley do Centro Teosófico de Pesquisa. Este ano a Conferência foi honrada pela presença do presidente que proferiu um discurso intitulado 'Teosofia, uma Síntese Compreensiva'. O Sr. Sri Ram também proferiu um breve discurso no encerramento da Conferência". Um outro aspecto importante que o secretário-geral menciona é que "a Reunião Anual do Conselho da Universidade Teosófica Mundial foi realizada em Camberley, Inglaterra, em maio de 1964, com o Sr. Sri Ram como Reitor, presidindo os trabalhos ... quando foi resolvido que o nome deveria ser mudado para *Truste Teosófico Mundial para Educação e Pesquisa*. A Universidade Teosófica Mundial foi formada em 1925, com o objetivo de ser uma organização mundial para educação e pesquisa no campo geral da Teosofia. Em 1934, o seu trabalho foi entregue ao Centro Teosófico de Pesquisa, Londres. ... Foi portanto acordado que o Conselho da Universidade Teosófica Mundial deva continuar como um corpo internacional para assistir no encorajamento e na coordenação de trabalho educacional e de pesquisa através da Sociedade Teosófica, mas que o nome 'Universidade' deva ser descontinuado. Assim, o trabalho em conexão com os Centros de Pesquisa irá continuar como antes, mas sob um novo nome".

Em agosto, em seu caminho de volta da França para Adyar, ele parou em Nova Delhi para ministrar duas palestras: "A Regeneração da Índia" e "Vida, Morte e Imortalidade". O mês de outubro viu Sri Ram visitando primeiro Ahmedabad, para comparecer na Conferência Anual da Federação Gujarati, e após Nasik, para a Conferência do Norte da Índia. A sua palestra naquele evento tratou em como fazer a Teosofia uma força viva na vida diária. Em maio de 1965, ele visitou Bhubaneswar a fim de presidir a Conferência Anual da Federação Teosófica em Bengala. Naquela ocasião, ele também inaugurou a Federação Teosófica Utkal.

Em 1966, sua secretária escreveu-lhe uma nota com uma solicitação:

> Katherine Beechey informou que não incluiu nenhuma notícia sobre o presidente em sua *Adyar Newsletter*, e ela gostaria de ter um pequeno item para o próximo número. Ela também considera útil informar sobre os falsos rumores a respeito de seu suposto precário estado de saúde, que parecem estar circulando em alguns lugares.

> Sri Ram enviou de volta a seguinte nota:

> *Será que isso é suficiente?*

> O presidente não sofreu nenhum ataque cardíaco. Ele foi atacado por críticas de alguns poucos lugares, ou não tão poucos. Entretanto, foi capaz de sobreviver a elas. Embora se aproximando de sua segunda infância, ou talvez devido a isso, ele é feliz e inocente. Ele está cumprindo com os seus deveres de acordo com a sua própria avaliação.

Em 1966, de 14 a 22 de julho, Sri Ram presidiu o Congresso Mundial da ST em Salzburg, na Áustria. Vários veteranos teósofos estavam na audiência, incluindo Clara Codd, Geoffrey Hodson, Rukmini Devi,

Arundale, Leslie H. Leslie-Smith, V. Wallace Slater, Fritz Kunz, John Coats, Helen Zahara, Joy Mills e Radha Burnier. Quase 1.200 delegados compareceram, representando quarenta e sete países. Além de seus discursos de abertura e encerramento, Sri Ram também falou sobre "A Necessidade de uma Nova Compreensao". Escrevendo no *The Theosophist* sobre suas impressões do Congresso, Seymour Ballard mencionou:

> Se pudermos permanecer com a ideia da música e propormos uma metáfora, as palestras que ouvimos pareceram oferecer, em vários momentos, ideias--semente para todos desenvolvermos em nossos corações, em nossas vidas e em nosso trabalho para a Sociedade. E muito deste material temático nós devemos à presenca e às palavras do presidente. Os seus pensamentos no Congresso logo aparecerão nestas páginas, e por isso não é necessário citá-los neste momento. Contudo, podemos assinalar que ele enfatizou mais de uma vez a responsabilidade do membro individual pelo movimento teosófico e aquela abertura mental que (ele lindamente qualificou) era a chave que nos levaria à compreensão real detrás das palavras e dos livros, ou, como se poderia dizer, aquela realidade por detrás de palavras, livros e músicas que às vezes experimentamos como silêncio.

Seus giros de palestras na Índia continuaram de forma ininterrupta durante o ano de 1966. Em março, ele embarcou em uma turnê de palestras para Bombaim, Ahmedabad e Hyderabad. Em setembro, falou da Conferência Interlojas da Federação Teosófica de Madras sobre o Congresso Mundial realizado em Salzburg, na Áustria. Em outubro, ele visitou primeiro Bhavnagar, a fim de presidir a Conferência Anual da Federação Teosófica Gujarati, e depois Bhopal, onde compareceu na Conferência Anual da Federação de Madhya Pradesh e Rajasthan e ministrou duas palestras: "A Natureza da Época Presente" e "O Significado da Libertação". Ele prosseguiu a Varanasi em dezembro, onde a Convenção Internacional foi realizada.

Em 1967, continuou com o mesmo padrão de visitas às Lojas na Índia . Em março, Sri Ram foi a Calcutá para a Conferência Anual da Federação Teosófica de Bengala. Ele proferiu as seguintes palestras naquele evento: "A Natureza da Sabedoria Eterna", "O Progresso Futuro da Humanidade" e "A Regeneração Espiritual do Homem". Em maio, ele visitou Bangalore como convidado da Conferência Anual da Federação Teosófica de Karnataka, ministrando duas palestras: "A Natureza da Vida e da Morte" e "O Despertar que Necessitamos". Em agosto, falou na Loja Kilpauk durante a Conferência Anual da Federação Teosófica de Madras. O tema foi "A Natureza Subjacente das Coisas". Em outubro, ele viajou para Varanasi para a Conferência Anual da Federação Teosófica de Uttar Pradesh, na qual falou sobre "A Natureza da Sabedoria Antiga". Foi também o convidado da Federação Teosófica Tamil, em sua Conferência Anual realizada em Salem em novembro. Sri Ram continuou a visitar

Lojas Teosóficas na Índia regularmente até 1973, o ano no qual ele faleceu. Suas visitas e palestras contribuíram definidamente para o fortalecimento e a coesão da Seção Indiana, a qual continua a ser a maior Seção da Sociedade Teosófica no mundo inteiro.

Em 16 de agosto de 1967, Elithe estava doente e não pôde vir ao escritório. Ele enviou a ela a seguinte nota:

> Como você esta, Elithe? Melhor, eu espero. Não tenho enviado o jornal para você porque pensei que não fazia questão de lê-lo. Posso resumir as notícias para você: a mesma confusão, luta, tragédias e estupidez em diferentes pratos, crus e cozidos.

Em 30 de setembro de1964, ele enviou uma mensagem de agradecimento para um convite de casamento:

> Isto é apenas para acusar o recebimento do cartão anunciando o seu noivado e casamento próximo, e para expressar a vocês dois meus mais sinceros votos de felicidade e boa sorte.
>
> Como algo a parte, o que segue foi também ditado privadamente à estenógrafa:
>
> E também coragem, paciência e força se as coisas não forem bem.

Em 20 de fevereiro de 1957, ele comentou:

> Se as pessoas ficam chocadas em relação a alguma mudança que precisa ser feita, isto significa que há alguma coisa nelas que precisa ser endireitada.

Não posso evitar o choque.

Ele apreciava música clássica ocidental e reconhecia o seu valor em elevar a consciência para um nível superior de percepção:

> Desfrute uma bela música pela experiência, pelo sentimento e não pelo pensar ou raciocinar. Quando você escuta algo de Beethoven, por exemplo, esqueça a si mesmo e escute com todos os seus corpos: físico, emocional e mental. Não pense, por exemplo, 'É Beethoven, e eu já escutei isso muitas vezes'. . . Não escute apenas as notas ou as melodias, mas escute a harmonia, a beleza da composição, que eleva você a um mundo encantado de puro deleite.

Radha Burnier, presidente da Sociedade entre 1980 e 2013, o ano de seu falecimento, era filha de N. Sri Ram. Ela viveu na Sede Internacional em Adyar, Chennai, Índia. Sempre muito ocupada, as suas tarefas envolviam, entre outras coisas, trabalhar seis dias por semana, responder a uma correspondência volumosa e tratar da administração da propriedade de Adyar. Ela ministrou palestras ao redor do mundo por mais de três décadas e viajou proferindo palestras dentro da Índia regularmente. Aqueles que a conheceram estão cônscios de que além de não ser uma pessoa sentimental, ela também não era dada a fantasias. Seus muitos anos como secretária-geral da Seção Indiana da ST, de 1960 a 1978, e também como presidente internacional, deram a ela enorme experiência pratica, à qual ela acrescentou um forte bom senso.

O que segue é a descrição de Radha Burnier a respeito de um incidente que ocorreu em Adyar, em 1956, o qual sugere uma conexão entre Sri Ram e os Fundadores internos da Sociedade Teosófica. Temos que manter em mente o fato de que nem mesmo uma única vez Sri Ram declarou qualquer coisa sobre o seu próprio progresso espiritual, embora muitos membros, e até mesmo não membros, sentissem a natureza espiritual desperta nele:

> Foi em 1956, depois de uma árdua turnê na América Latina, que Sri Ram chegou em Wheaton muito doente. Sydney Cook [o então presidente nacional da ST nos Estados Unidos] tentou persuadi-lo a permanecer e convalecer em Olcott [a Sede Nacional da Seção Americana], mas meu pai não o escutou. Ele tinha assumido alguns compromissos no caminho de volta [para a Índia], tanto quanto eu me lembre em Rendsburg, na Alemanha, e não os cancelaria, e também não concordou com a oferta de Sydney Cook de ir em seu lugar, provavelmente porque ele queria voltar para casa.
>
> Depois de sua chegada em Adyar, sua saúde se tornou progressivamente pior, e ele teve dificuldade em caminhar de Vasantālaya [sua residência em Adyar] até o escritório. Depois, ele não conseguia caminhar nem dentro de casa e ficou completamente acamado com uma bronquite severa que afetou o

seu coração. Como semana após semana se passaram sem nenhuma melhora, nós pensamos que iria falecer a qualquer noite.

Após dois meses e meio desta ansiedade, um incidente ocorreu. Aconteceu de manhã, quando minha tia, a Dra. Sivakamu, havia deixado a nossa casa para ir até sua casa e banhar-se, e eu fiquei com meu pai. Àquela altura eu estava extremamente cansada após muitas semanas cuidando dele durante o dia. Minha tia o cuidava na parte da noite. Eu não estava pensando em nada em especial e sentindo que não havia nenhuma esperança de recuperação, quando a mudança na atmosfera tornou-se tão tangível repentinamente e eu soube, sem palavras, quem estava lá. [A senhora Radha Burnier disse ao autor, vários anos antes de esta biografia ter sido escrita, que foi o Mestre K.H. que visitou o seu pai.]

Foi em 1968, quando Sri Ram estava na sede da Seção Americana em Wheaton, convalescendo após uma operação, que recebeu a notícia de que sua esposa, Bhagirathi, havia falecido em Adyar. Ele disse que se soubesse que ela estava para morrer, não teria partido naquela turnê em particular. Ele prestou um tributo a ela em suas notas "Na Torre de Vigia" no *The Theosophist*, julho de 1968:

A notícia acaba de me chegar, enquanto estou em 'Olcott', a Sede da Sociedade Teosófica nos Estados Unidos, que Srimati Bhagirathi Sri Ram faleceu em paz em 16 de junho, às 11h:30min da manhã, em Adyar. Esta notícia será recebida com profundo pesar por seus muitos amigos e membros, não apenas na Índia, mas também em outros países, que vieram a conhecê-la pessoalmente no curso de suas viagens comigo, sem mencionar os membros da família. Ela era uma figura bem-conhecida em Adyar, tomando parte em uma variedade de atividades com grade entusiasmo e interesse, e em Conferências e Convenções da Sociedade em diferentes partes da Índia. Ela foi por muito tempo presidente da Federação Teosófica Tamil e membro do Conselho da Seção Indiana. A sua saúde não era boa desde que ela teve um ataque cardíaco em dezembro de 1966, o qual me obrigou a deixar a Convenção que estava sendo realizada em Varanasi, logo após a sua abertura. Não obstante, o evento foi inesperado quando ocorreu. A maneira mais genuína e mais prática de expressar nossa afeição por uma pessoa que partiu é enviar a ela ou a ele nossos melhores pensamentos e bons votos. Posso introduzir aqui uma pequena nota pessoal e dizer que o processo de viver uma vida em comum cobriu, em nosso caso, um período de quase exatamente sessenta anos.

Sri Ram tinha um profundo interesse nos ensinamentos de Krishnamurti e podia ver como Krishnamurti estava apresentando as verdades atemporais da Teosofia de uma forma inovadora e com uma nova linguagem, e que não havia contradição essencial entre os seus ensinamentos e a Sabedoria Antiga. Este foi o seu comentário sobre o assunto em 30 de abril de 1957:

> Há algo muito profundo e belo no que Krishnaji tem afirmado, em seu ponto de vista. Como disse a muitos correspondentes, e em muitas reuniões, sinto que isso não é incompatível com aquela compreensão do homem e da natureza que chamamos de Teosofia.
>
> Se pudermos fazer as pessoas verem isso, e explicar a verdade do que Krishnaji diz, de uma forma fundamental e absolutamente idêntica à Teosofia, isso será o maior serviço que poderá ser prestado.
>
> No que diz respeito à liberdade, Krishnaji faz uma afirmação profundamente verdadeira: Quando você fala de liberdade disto ou daquilo, significa que você não gosta disto, e portanto o que você chama de liberdade é da natureza de uma reação; você esta sendo impelido ao extremo oposto. Liberdade interior não é liberdade de alguma coisa, mas liberdade em si mesma.

Os seguintes são alguns aforismos coletados por Elithe durante os anos que ela trabalhou como secretária de Sri Ram. Ela também editou três de seus livros: *Pensamentos para Aspirantes* (Séries I e II) e *Na Torre de Vigia*, uma excelente coleção de seus editoriais extraídos do *The Theosophist.*

> Uma experiência pura não deixa nada em seu rasto, exceto sua fragrância.

Temos que chegar ao nosso próprio julgamento em todas as questões. O julgamento pode ser errado, mas é somente por sermos honestamente errados que nós podemos nos tornar certos.

Não é um ocultista aquele que tem medo de crítica. Ele não deve ignorar a crítica, porque pode haver alguma verdade nela, mesmo que seja exagerada, mas ele deve estar preocupado em agir sempre de acordo com o seu melhor julgamento, naturalmente compreendendo que seu julgamento nunca pode ser perfeito.

Sri Ram também escreveu sobre suas políticas administrativas em Adyar:

Minhas ideias com relação à administração de Adyar não são as mesmas que prevalecem no mundo em geral. Aqui devemos tratar colegas e subordinados como sendo essencialmente nossos iguais, e tentar dar-se bem com eles. Eu próprio tento não impor minha autoridade sobre aqueles que estão abaixo de mim, mas sim guiá-los para ver qual é a coisa certa a fazer e aceitá-la, na medida em que eu tenha que decidi-la.

Em 31 de janeiro de 1957, ele ditou uma mensagem de agradecimento de um presente:

Foi muito gentil da sua parte ter me enviado o presente, o qual eu muito apreciei. Somente esperar que a mensagem que lhe escrevo com esta caneta esferográfica tenha uma qualidade tão boa quanto a sua afeição e boa vontade. Espero que você se sinta feliz em sua estada em Adyar em todos os seus aspectos.

Sri Ram recebeu uma solicitação para enviar uma mensagem ao *The Madanapal*, a revista da Escola Teosófica de Madanapalle, onde ele havia sido professor. Ele então escreveu em 27 de fevereiro de 1958:

> O que é educação teosófica? É possível descrevê-la de várias maneiras. É a educação que deve habilitar o menino e a menina para continuarem a educar a si mesmos depois que tiverem passado além dos portais da escola. É o processo do saber, incorporado no processo de crescimento e compreensão. É a educação que os habilita a viver uma vida de serviço à comunidade e ao mundo mais amplo, onde quer que eles estejam, em qualquer posição ou escritório. É a educação alcançada sem medo, que conduz à felicidade duradoura tanto do educando quanto daqueles com os quais possam entrar em contato na vida.
>
> Talvez possamos resumir tudo isso e simplesmente dizer que é a educação que revela o melhor que há nele ou nela.
>
> Com os votos de sucesso à Escola Teosófica de Madanapalle,
>
> N. Sri Ram
> Um antigo professor da Escola

Em uma carta datada de 22 de outubro de 1962, ao presidente da Loja Asoka Sankara, em Kozhikode, na Índia, sua modesta natureza mais uma vez se manifestou:

> Não é realmente necessário dizer que estou longe de imaginar a mim mesmo como um 'sábio', ou qualquer coisa deste tipo. Considero a mim mesmo apenas como um coestudante e um irmão de todos os outros membros.

Ele compartilhou sua atitude em relação à presidência da ST e seus muitos desafios em uma série de ocasiões. O que segue são alguns exemplos:

> O mundo prosseguiu sem mim antes que entrasse na cena de minhas atividades, e seguramente continuará depois que eu tiver me retirado dele. Seria uma tolice da minha parte me considerar indispensável, mas, enquanto eu for física e mentalmente capaz e tiver a oportunidade de fazer, farei o melhor. Suponho que estas observações se apliquem a todas as outras pessoas. (Em uma carta datada 24 de fevereiro de 1956).

> Minha atitude interior é que não tenho desejo de continuar como presidente, mas não vou evitar aquele cargo, se isso for necessário para o trabalho teosófico e desejado de forma geral. Não tenho desejos, contra ou a favor, com relação a qualquer cargo ocupado por mim. (Comentários a um amigo inglês com relação à proxima eleição presidencial, fevereiro de 1964).

> As dificuldades às quais você se referiu não me incomodaram realmente porque sempre senti que o que é importante é você fazer a coisa certa, e quando há crítica, não se ressentir com ela, mas ver se há algum fundamento para ela, e se houver, adotar

a ação apropriada. Com relação ao resto, ou seja, ao que as outras pessoas dizem e pensam, isso não importa muito. (Em uma carta a um membro).

Sri Ram era um homem muito cônscio da situação social e política no mundo em geral, e na Índia, em particular, como amplamente mostram suas notas em "A Torre de Vigia" no *The Theosophist*. Quando ocorreu um movimento político na Índia para impor o hindi como uma língua nacional, houve fortes reações em vários lugares, principalmente no sul. Este foi o comentário de Sri Ram sobre esta questão intensa:

> O camelo estava carregado com muito peso. Ele se recusou a levantar e gemeu. O cameleiro chegou e retirou dois pedaços de palha das suas costas.
>
> Isso é o que o Governo propõe para fazer com que as pessoas que não falam hindi aceitem o Projeto de Lei da Linguagem.

Ele tinha o hábito de manter o controle dos seus gastos aos escrevê-los em pequenos pedaços de papel. Eles revelam um padrão constante de doar dinheiro aos pobres e aos necessitados:

Uma mulher pobre: 5 rúpias

Um garoto pobre: 1 rúpia

Um jardineiro surdo: 5 rúpias

Uma mulher, para a proteção dos animais: 25 rúpias

Um homem surdo: 4 rúpias

Uma ex-trabalhadora de limpeza: 5 rúpias

N. S. Sastry para um cavalo manco: 30 rúpias

Prabhakar, ex-empregado: 5 rúpias

Um homem faminto: 2 rúpias

Hussein Sahib, um homem pobre: 10 rúpias

Rukmini (desempregada): 5 rúpias

Refugiado de Bangladesh: 3 rúpias

Nós já vimos como Sri Ram não se curvava diante da pressão da tradição ou de costumes sociais, se esses fossem contra o seu senso do que era correto. Isso também se aplicava à sua percepção da condição das mulheres na sociedade indiana. O que segue são extratos de duas de suas cartas sobre este assunto:

> Concordo com aqueles membros da Sociedade Teosófica que disseram à senhora em questão que é 'bem permissível' a ela vestir-se e adornar-se como o faz. Vou além disso e pergunto: Quem tem a autoridade de impedir ou proibir que ela assim o faça?
>
> A Teosofia é idêntica à *Sanātana Dharma* (a Lei Eterna), em seu verdadeiro sentido, não no sentido estreito e materialista da ortodoxia hindu. Acredito que a degradação da Índia foi devida muito mais às imposições da sociedade e da casta sacerdotal, sofrida pelas massas ignorantes e superticiosas, do que por qualquer outra causa. Por que não deveria a senhora em questão fazer o que ela acha correto, ao invés de manter a linha do costume antigo, que

na Índia, como em toda a parte, é um guardião daquele espírito de arregimentação e repressão contra o qual as forças do progresso têm de enfrentar em uma luta perpétua.

Não concordo com você que o comportamento desta senhora é 'não natural'. Ao contrário, o modo de vida que a sociedade hindu no passado impôs às viúvas me parece representar o cúmulo da anormalidade e da não naturalidade. A moralidade nasce em nosso coração e é, em grande medida, uma questão de motivo e atitude. Sou um estudante e alguém que acredita no *Sanātana Dharma*, e no verdadeiro *Dharma* que fez com que todos os povos avançassem sobre a Terra, onde quer que ele tenha sido praticado e onde quer que o falso não tomou o lugar do verdadeiro. Não acredito que a conduta desta senhora, a qual é uma questão inteiramente pessoal, possa afetar adversamente outras senhoras; pois ela esta apenas afirmando uma liberdade que faz parte da natureza da época presente e que é impraticável resistir. Não há necessidade de supor de que o fato de ela estar feliz e bem-vestida é uma marca de desrespeito ao seu falecido esposo.

A Teosofia defende o que é verdadeiro e bom em todas as religiões, mas não apoia o que são apenas superstições locais, nascidas de uma asserção egoísta de privilégios que alguns podem desfrutar, mas que outros não podem compartilhar. Portanto, não se preocupe; você pode estar legitimamente feliz pelo fato de que essa senhora, sobre quem você escreve, consegue manter uma aparência de felicidade em que pese a perda do seu esposo, uma perda que deve ser muito mais uma aflição para ela do que pode ser para uma sociedade indiferente, a qual busca extrair dela uma mostra de luto perpétuo. Se eu estivesse no lugar dela, lamentaria a morte do marido privadamente em meu coração, mas me recusaria a assim fazê-lo para a edificação do público.

* * *

Li a carta de Radha a você, com data de 4 de novembro. Com relação à questão de solicitar as bem-conhecidas mulheres para cantarem *bhajanas*, e a objeção de que a moral delas pode não ser bem aceitável, minha resposta seria algo assim:

Se a cantora parece ou é positivamente não refinada ou vulgar, eu não a aceitaria. Se sua moral é considerada ignóbil apenas do ponto de vista convencional – ou seja, se ela estiver vivendo com um homem com o qual ela não se casou de acordo com a lei ou um rito religioso – não acho que deveríamos ter objeção a ela. Suas canções serão, naturalmente, devocionais e sem objeção. Pode haver muitas pessoas entre o respeitável público cuja moralidade é bem diferente da fachada que elas mostram. Assim, eu verificaria a situação de cada uma dessas cantoras individualmente. A moral de uma pessoa pode não estar em conformidade com as ideias da sociedade como um todo, a qual está preocupada com as aparências e não com o que realmente existe. No entanto, aquela pessoa pode ser uma pessoa de bom caráter.

Além disso, estas mulheres cantoras bem-conhecidas virão a uma sessão que é programada, em parte, como um exercício devocional e também para se escutar música clássica e que possui uma qualidade de pureza.

Nossos delegados escutaram uma dessas cantoras de Varanasi nos jardins de Kalakshetra em uma Convenção recente em Adyar, e não houve nenhuma objeção naquela ocasião.

(De uma carta de 11 de agosto de 1963)

Como dissemos antes, Sri Ram estava muito bem consciente das questões que aconteciam no mundo em sua época e não se manteve distante em relação a elas. Ao contrário, em muitos casos, ele tornou sua opinião conhecida de forma bastante forte e, contudo, de uma maneira equilibrada. O que segue é o telegrama que ele enviou ao Embaixador da Rússia em Nova Delhi, em 5 de novembro de 1957, com relação ao envio de um cachorro com o foguete Sputinik:

Sua Excelência

O Embaixador, Embaixada da Rússia

Nova Delhi

Em nome de muitos e muitos teósofos ao redor de todo o mundo, quero expressar o meu forte protesto contra o envio de um cachorro vivo em um foguete, submetendo-o a condições monstruosas para as quais a natureza não criou nenhuma condição no corpo canino. O fim não justifica os meios, e a obtenção de vários dados científicos, que é o objetivo, não pode justificar a desumanidade de tratar o cachorro de uma maneira que nenhum ser humano gostaria de ser tratado. Talvez a humanidade estaria muito melhor sem o conhecimento obtido por tais métodos insensíveis.

Sarvepalli Radhakrishnan, filósofo e erudito indiano bem-conhecido, respeitado no mundo inteiro, foi eleito presidente da Índia em 1962. Esta foi a mensagem de Sri Ram para ele:

Caro Senhor,

Na ocasião de sua investidura no cargo de presidente da União Indiana, desejo estender-lhe meus melhores votos de sucesso nos importantes deveres de seu cargo, como também toda a felicidade e boa-sorte ao senhor pessoalmente.

Há muitos teósofos na Índia, como também em outros países do mundo, que teriam se regozijado pelo fato de que o senhor estaria conduzindo os destinos da Índia, tanto quanto o presidente pode fazer isso de acordo com a Constituição, e que o senhor representaria a Índia como um Estado, da mesma forma que o senhor a tem representado com tanta distinção o seu pensamento e cultura antigos.

Se puder dizer isso muito respeitosamente, fiquei feliz e achei um augúrio muito bom que o senhor soou a nota de um Mundo Uno, acima de todas as nacionalidades e raças, como a consumação a ser devotadamente esperada e alcançada.

Com sinceras saudações e respeito,

N. Sri Ram

Por ocasião de sua reeleição, em 1967, para um terceiro mandato como presidente da Sociedade Teosófica, ele enviou esta mensagem:

> Recebi muitas cartas e telegramas de membros, Lojas e secretários-gerais de Seções [Nacionais] por ocasião da minha reeleição como presidente, expressando seus amáveis e bons sentimentos em relação a mim, os quais eu sinceramente retribuo.
>
> Presidentes vêm e vão, mas o trabalho, para o qual a Sociedade Teosófica existe, deve continuar, e neste trabalho, que é difundir a Teosofia, cada membro pode ter uma parte tão vital e significativa como a de qualquer presidente ou qualquer outro ocupante de cargo cujas atividades podem parecer grandes na superfície.
>
> Sei que sou amplamente reforçado pelos pensamentos e pela afeição dos membros ao redor de todo o mundo. Ficaria feliz se pudesse sentir que presto ajuda similar a eles.

Jawaharlal Nehru, o primeiro ministro da Índia, faleceu em maio de 1964. Ele havia reconhecido a grande influência de Annie Besant sobre a sua geração. Este foi o tributo oferecido por Sri Ram ao arquiteto da Índia moderna:

> Estou feliz em prestar a minha homenagem a Pandit Jawaharlal Nehru pelos seus excepcionais serviços à Índia durante um período crucial que precedeu e seguiu-se ao atingimento da liberdade. Dentre os vários estadistas do mundo, ele se destaca como sendo digno e inteligente, e sua ardente simpatia para com as massas do povo indiano deram a ele muitas afeições e um lugar único. Ele será lembrado por um longo tempo como um líder que exitosamente realizou a tarefa de guiar a Índia de uma época de agitação e luta para um período que exigia um tipo completamente diferente de trabalho, e a ajudou a estabelecer-se politicamente, modernizou e desenvolveu a sua economia a fim de que ela pudesse tomar um lugar respeitado entre as nações como uma colaboradora e conselheira útil.

Sri Ram também tinha uma palavra de encorajamento para aqueles que estavam buscando estudar os aspectos mais profundos da Teosofia e viver uma vida teosófica. Ele escreveu para um grupo de membros dedicados da ST em Andhra Pradesh, Índia, em 19 de abril de 1957:

> É um verdadeiro seguidor do Mestre aquele que compreende, entre outras coisas, que não fora, mas dentro dele, deve ser buscada a orientação, naquelas profundidades onde a turbulência da personalidade foi deixada bem para trás, onde, na verdade, ele cessou de pensar em si mesmo.

Ele também foi, durante toda a sua vida, um estrito vegetariano e um firme defensor da causa do vegetarianismo. Ele enviou esta mensagem para o 15º Congresso Vegetariano Mundial em 26 de outubro de 1957:

> É um fato digno de nota que os homens mais nobres que viveram sobre a Terra, os melhores espíritos que usaram a forma humana, exibindo uma sensibilidade muito além da humanidade comum, alguns dos gênios da literatura e da arte, para não falar da filosofia, decidiram basear suas vidas no princípio da inofensividade para com os homens e os animais. A execução deste princípio inclui, entre outras coisas, o evitar todo o alimento obtido pela matança. Que o homem pode sustentar a si mesmo com saúde, e até mesmo atingir suprema aptidão física pela comida que não é retirada de corpos animais, é um fato que repousa sobre tamanha evidência, e aquele que a procurar irá encontrá-la.
>
> É gravemente duvidoso, para dizer o mínimo, se a tese de que o homem é um animal onívoro, amparada pela referência ao seu passado, pode aplicar-se igualmente ao seu futuro. Não se supõe que ele tenha a voracidade de um lobo nem a energia de um tigre. Passando do animal ao homem, a Natureza move-se para uma esfera diferente, onde o propósito da evolução é a evolução da sensibilidade, do equilíbrio e da harmonia, e de uma inteligência a qual, embora maleável até o último grau, contudo pode ainda voar até a região mais elevada de um céu espiritual ilimitado, usando a Terra apenas como o

seu lugar de repouso. Assim como a Terra está formada por átomos, cada um deles em um sistema perfeitamente equilibrado de forças, o ser humano pode ser gentil, usando suas energias em um nível similar à música, tal qual a música das esferas.

Espero que o Congresso Vegetariano Mundial tenha êxito em converter centenas e milhares, e eventualmente milhões, a um modo de vida melhor, mais puro, mais calmo, menos predatório, do que o modo do mundo no presente.

Sri Ram havia visitado "Olcott", a sede da Seção Americana da ST, várias vezes. Esta é a mensagem que ele enviou àquela Seção por ocasião de sua Convenção Anual em julho de 1957:

Por vários anos tenho enviado uma mensagem para a Convenção em Olcott. Há alguma coisa nova para dizer, ou serão as mesmas palavras em alguma outra forma? Se o que é dito são meras palavras, então só pode ser uma repetição. Mas se é uma mensagem de amor, de compreensão, de profunda verdade, expressa, sugerida ou comunicada de alguma maneira, ela nunca poderá ser velha.

O que mais se pode enviar, exceto essas palavras e a esperança, que é como uma oração, de que a Convenção preencherá todos os corações com paz, e trará a cada pessoa um certo toque da verdade que está profudamente dentro dela mesmo, sendo uma verdade não da mente, mas da vida, da ação e da beleza. E que as influências que forem evocadas espalhem-se por toda parte, e toquem o coração de cada teósofo na Seção e a todos aqueles que são de todo suscetíveis à radiação da Verdade e da Fraternidade.

Em 1953, ele enviou uma mensagem à Federação Europeia da Sociedade Teosófica, que comemorava o seu Jubileu de Diamante naquele ano. Os seguintes extratos da mensagem revelam sua crença profunda em uma Europa unida:

> Já em 1912, antes que se instalasse o período de tensões políticas e militares, que trouxeram a Europa à sua presente situação, o Bispo C. W. Leadbeater, em uma visão do futuro intitulada *Os Começos da Sexta Raça-Raiz*, previu a formação de um Estados Unidos da Europa. Uma tal Federação está agora acontecendo, mesmo que seja duvidoso que a Rússia, em sua presente condição, algum dia a integrará. Lado a lado com o agrupamento que está ocorrendo, poderá haver a inclusão ainda de vários outros Estados que agora parecem pertencer a uma esfera diferente. Há também o entrelaçamento mais próximo das pessoas em ambos os lados do Atlântico, todas elas ramos da mesma Raça-Raiz original, possuindo uma cultura geralmente idêntica.
>
> Tudo isso está acontecendo dentro da ampla estrutura das Nações Unidas, que, em algum dia não muito distante, deverá se tornar um Parlamento Humano, a Federação do Mundo, com a qual o poeta *Lord* Tennyson sonhava até mesmo no século passado. Evidentemente, estamos em meio a uma vasta re-

organização de todo o gênero humano – haja vista as mudanças no Oriente – primeiro diferenciando claramente as individualidades de suas unidades, e em segundo lugar, e ao mesmo tempo, as agrupando apropriadamente para ação cooperativa de acordo com suas aptidões e necessidades naturais.

. . . A Federação Europeia da Sociedade Teosófica, preeminentemente entre várias Federações Teosóficas, deve mostrar como é possível, até mesmo fácil, não apenas transcender as diferenças nacionais, mas fazer dessas diferenças, que são fundamentais, não um produto do condicionamento político, para que brilhem com sua própria beleza.

. . . A alegria e profunda felicidade que podem resultar de intensas inter-relações, em um mundo cujos elementos são relacionados construtivamente e infundidos com o temperamento que é necessário para o entendimento e a cooperação mútuas, são tão grandes quanto as discórdias que são agudas e que causam perplexidade. Quanto maior a discórdia, maior e mais nobre é a possível harmonia. É a esperança e possibilidade de uma tal harmonia, em cada esfera menor, assim como na esfera mais ampla da vida humana como um todo, que deve inspirar os teósofos em todas as partes e em cada decisão concreta que eles tomam em relação ao progresso humano. A nossa tarefa é suprir a humanidade com uma visão da Verdade, assim como de suas próprias possibilidades, e de sermos nós mesmos inspirados por aquela visão em nossa vida e em nossas ações.

Encontrando a Morte como uma Amiga

Há um tempo para tudo,
e um tempo para
todo propósito
debaixo do céu.
Tempo de nascer,
e tempo de morrer

Eclesiastes, 3:1-2

A seguinte informação foi enviada pelo Escritório do secretário de Registros em Adyar, em abril de 1973, em relação às circunstâncias do falecimento de Sri Ram:

> O presidente comparecia ao escritório regularmente (o que para ele significava seis dias por semana) até dez dias antes de seu falecimento. Havia planos para uma visita à Indonésia, e o Sr. N. Sri Ram seria acompanhado pela tesoureira internacional, Srta. Annie Tjioe Siang Nio, partindo para Jakarta na metade de abril. Na última semana de março, entretanto, ele estava com uma sensação de cansaço excessivo, e seus médicos recomendaram que descansasse. Não foi encontrada nenhuma causa específica para a fatiga, mas constatou-se que o presidente, com sua devoção ao trabalho, havia se esforçado em demasia. Entretanto, sua condição não foi considerada como algo a se preocupar. Ele compareceu ao escritório na manhã do dia 29 de março, mas sentiu-se muito cansado para voltar ao escritório na parte da tarde. Desta forma, permaneceu em casa nos dias seguintes. Do-

cumentos foram enviados a ele para a sua atenção, e isso continuou até dois dias antes do fim.

Parecia como se o presidente estivesse ganhando força novamente; mas no sábado, 7 de abril, sua condição tornou-se muito pior. Entretanto, na manhã do dia 8, ele pareceu melhorar mais uma vez. O governador de Tamil Nadu, O Sr. K. K. Shah, que tinha um profundo respeito pelo presidente, estava visitando a Biblioteca de Adyar e, ao ouvir falar da doença do Sr. Sri Ram, foi até a residência do presidente e esteve com ele por um certo tempo. A condição do presidente piorou novamente na parte da tarde, e diagnosticou-se um ataque do coração. Ele faleceu às 18h45min, ao anoitecer. O seu sofrimento foi mínimo. Sua filha, a Sra. Radha Burnier, e sua irmã, Dra. N. Sivakamu, estavam ao seu lado. Elas haviam amorosamente atendido às suas necessidades e cuidaram dele durante a sua doença, auxiliadas por outros.

A triste notícia da morte do presidente foi transmitida pela Rádio *All-India* em seus programas domésticos e internacionais na manhã seguinte. Um grande número de visitantes foi vê-lo para expressar sua simpatia, e isso continuou por alguns dias. O Governador, M. K. K. Shah, fez uma nova visita no dia 9 ao redor do meio-dia, antes da cremação do corpo, para expressar seu respeito ao Sr. Sri Ram. O ministro-chefe de Tamil Nadu enviou suas condolências.

A mãe do Sr. Sri Ram, a Sra. Seshammal, com a idade de 101 anos, estava ao lado do corpo do seu filho até o momento em que ele foi removido para a cremação na segunda-feira, dia 9, quando também estavam presentes seus irmãos e irmãs. Os trabalhadores na Sede Internacional, amigos e parentes de Madras e membros da Sociedade, nenhum dos quais esperava o passamento, ofereceram seus respeitos com flores e em silêncio eloquente.

O Sr. Vasant Nilakanta, o filho mais velho do Sr. Sri Ram, e sua esposa, aos quais a notícia do falecimento foi comunicada por telefone, tomaram providências especiais para voar de Bombaim a Madras. Nesse meio tempo, todas as providências tinham sido feitas para a cremação do corpo. Às 12h30min, uma procissão foi formada, e o esquife foi levado para o Jardim da Recordação, onde a cremação teria lugar, localizado há aproxidamente 400 metros da residência do presidente. O Jardim é um lugar belo, situado ao lado do Rio Adyar, onde jazem as cinzas de prévios líderes da Sociedade e o qual é dedicado à sua memória. Antes da cremação, versos do segundo capítulo da *Bhagavad-Gitā* foram recitados pela Sra. S. Sarada e pelo Sr. Krishnamacharyulu, e o Sr. C. D. T. Shores leu versos de *A Voz do Silêncio.* A seguir, o Sr. Nilakanta acendeu o fogo, e em poucas horas o corpo foi reduzido a cinzas.

Na manhã do dia 10 de abril, as cinzas foram recolhidas e colocadas no lugar da cremação no Jardim da Recordação. Ao anoitecer, os ossos foram levados para o mar em um barco – a Baía de Bengala fica situada a 400 metros ao leste da casa do presidente – e entregues às águas, enquanto um grupo reverente de amigos e trabalhadores testemunhavam a cena comovente desde a praia.

Muitos tributos foram prestados ao presidente através de telegramas e cartas, e alguns nos jornais, após o seu falecimento. O governador, o Sr. Shah, disse, em uma mensagem publicada na imprensa, que o falecimento do Sr. Sri Ram criava um vazio na sabedoria espiritual que o mundo acharia difícil de preencher. 'Gentil e de fala mansa, o Sr. Sri Ram sempre defendeu os valores mais elevados na vida pública e privada. Fiel aos princípios da Teosofia, ele ressaltou a unidade essencial e fundamental de todas as religiões. Ele ocupou o cargo de presidente com grande dignidade e distinção. Estou certo de que sua vida e sua missão serão uma fonte de perene inspiração aos seus sucessores e colegas'.

O Sr. B. Shiva Rao, um ex-membro do Parlamento Indiano, que auxiliou no trabalho jornalístico e político da Dra. Annie Besant, relembrou, em uma carta à Imprensa, que o Sr. Sri Ram e ele tinham sido colegas muito próximos na equipe do jornal da Dra. Besant, *New India*, de 1917 até a sua morte [em 1933, N.T.]. Ele escreveu acerca do Sr. Sri Ram: 'Gentil e despretensioso e nunca capaz de uma palavra ou pensamento áspero, por mais provocativas que fossem as circunstâncias, era um exemplo inspirador para todos aqueles que entravam em contato com ele. Sempre que eu pensava nos ensinamentos do Senhor Buda, em minha imaginação estava o Sr. Sri Ram, como talvez a sua mais próxima corporificação. Tais homens são raros'.

Assim encerrou-se uma vida muito bela, uma vida verdadeiramente teosófica. N. Sri Ram foi o último presidente da ST que teve contato com o presidente-fundador, Cel. Olcott. Ele representava um elo com as próprias origens da Sociedade Teosófica e seu trabalho, não apenas historicamente, mas, acima de tudo, espiritualmente. O espírito de investigação, a dedicação completamente inegoísta ao melhoramento da situação difícil em que vive a humanidade, a profundidade de percepção e *insight* que leva à Sabedoria Divina, e uma vida de autoabandono diário e completo a serviço dos outros, estas e muitas outras qualidades fizeram de Sri Ram um elo vivo com aquele Espírito de toda a beneficência, cuja nota chave estava presente no próprio começo da Sociedade Teosófica. Ele irradiava aquele Espírito, e ao assim fazer, deu à sua geração e a todas as gerações por vir um testemunho convincente de que a Teosofia pode sim tornar-se uma força viva em nossas vidas, se tivermos a coragem e a determinação de viver os seus ensinamentos, se estivermos preparados para pôr um fim no interesse pessoal, em suas muitas formas, e viver apenas para beneficiar a humanidade.

A. Nilakantha Sastry,
pai de Sri Ram

Seshammal,
mãe de Sri Ram

Sivakamu, Padmanabhan, Bhagirathi e Yagna
na casa da família em Chingleput

Três irmãs: Rukmini, Sivakamu e Visalakshi

Sri Ram em Benares, 1914

Bhagirathi, Radha, Vasant e Sri Ram em Adyar

Vestindo um turbante para uma entrevista em busca de emprego

Bhagirathi Sri Ram

Radha, Vajra e Vasant

Sri Ram com o bebê Vajra

Um grupo em Adyar, 1913. Sentados: Major David Graham Pole, C. W. Leadbeater, Annie Besant , B. P. Wadia e Jal Rustomji Aria. Sri Ram jovem é o primeiro à esquerda sentado no chão

Na Convenção Nacional, ST na Nova Zelândia, 1946: Harry Banks, Geoffrey Trevithick, N. Sri Ram, Emma Hunt e Geoffrey Hodson

Sri Ram em Bombay, 1921

Sri Ram nos anos 1940

Sri Ram nos anos 1950

N. Sri Ram como presidente
da Sociedade Teosófica, 1953

N. Sri Ram recebendo o anel presidencial de C.
Jinarajadasa, 17 de fevereiro de 1953

A família de Sri Ram. Sentados: Sri Ram, Seshammal, Subbalakshmi e Padmanabhan. Em pé: Visalakshi, Subramaniam, Sivakamu, Yagna e Rukmini

Vajra, Radha e Vasant no Parsi Quarters, Adyar

5

Teosofia numa Nova Linguagem

H. P. Blavatsky, cofundadora da Sociedade Teosófica, definiu a Teosofia com diferentes palavras e expressões: Conhecimento e Ciência Divinos, Sabedoria Divina, Tradição-Sabedoria e Religião-Sabedoria, para mencionar algumas. No âmago do seu ensinamento, a Teosofia tem um débito com a língua sânscrita, uma vez que os conceitos e as ideias que ela expressa não eram comuns à língua inglesa, como a palavra *dharma*, por exemplo, que tem aproximadamente dezesseis significados diferentes. O livro fonte da moderna Teosofia é *A Doutrina Secreta*, escrito pela Sra. Blavatsky e publicado em 1888, o qual contém os ensinamentos fundamentais a respeito das origens, natureza e desenvolvimento do Universo (cosmogênese) e as origens, natureza e evolução do ser humano (antropogênese). Todo o ensinamento está baseado na verdade da Unidade absoluta, indivisa de toda a existência, em todos os níveis.

Annie Besant e C.W. Leadbeater, que após a morte da Sra. Blavatsky e do Cel. Olcott continuaram a obra de tornar a Teosofia conhecida, deram atenção à diretriz contida na bem-conhecida instrução de um Grande Adepto, o Maha-Chohan,[10] que era "popularizar o conhecimento da Teosofia", com o objetivo de simplificar o ensinamento profundamente metafísico e altamente técnico contido na obra-prima da Sra. Blavatsky. Tanto Besant quanto Leadbeater afirmaram repetidamente, através de seus escritos, que a fonte do ensinamento teosófico estava em *A Doutrina Secreta*, à qual os estudantes sérios deveriam dirigir-se na busca de estudos mais profundos. Eles foram, e ainda são, muito criticados, de certa maneira, por tentar simplificar o ensinamento da Sra. Blavatsky, mas Annie Besant explicou com clareza a necessidade de uma apresentação mais popular da Teosofia em seu prefácio a uma série de manuais teosóficos escritos em sua maior parte por ela, bem como em alguns escritos por C.W. Leadbeater:

> Algumas pessoas reclamaram que a nossa literatura é ao mesmo tempo muito difícil, muito técnica, e muito cara para o leitor comum, e temos a esperança de que a presente série possa obter êxito em suprir o que é uma carência bastante real. A Teosofia não é apenas para os eruditos; é para todos. Pode ser que entre aqueles que, nestes pequeninos

[10] JINARAJADASA, C.; *Cartas dos Mestres de Sabedoria,* Primeira Série, Brasília: Editora Teosófica, 1996. (N. E.)

> livros, obtenham o primeiro vislumbre de seus ensinamentos, haja alguns que serão levados por eles a penetrar mais profundamente em sua filosofia, sua ciência, sua religião, enfrentando seus problemas mais difíceis com o zelo do estudante e o ardor do neófito. Mas estes manuais não são escritos para o estudante mais dedicado, a quem nenhuma dificuldade inicial consegue assustar; são escritos para os homens e as mulheres ocupados no trabalho do dia a dia no mundo, e buscam esclarecer algumas das grandes verdades que tornam a vida mais fácil de suportar e a morte mais fácil de enfrentar.[11]

Sri Ram cresceu estudando livros teosóficos escritos por Annie Besant e C.W. Leadbeater, entre outros autores, e em vista de sua íntima associação com ambos, a apresentação que eles faziam da Teosofia influenciou muito seus anos de formação. Mas como acontece com aqueles que buscam inquirir a respeito da vida e seu significado por si mesmos, Sri Ram chegou à sua própria compreensão profunda da Teosofia, que embora totalmente baseada nos princípios essenciais da Tradição-Sabedoria, foi entretanto apresentada numa nova linguagem, que era basicamente não técnica e contudo profunda, extraordinariamente clara e simples, e imbuída de uma inspiração original que tocava o leitor numa dimensão mais profunda.

Abaixo estão excertos de seus escritos sobre diferentes aspectos do ensinamento teosófico e sobre o

[11] BESANT Annie, *O Homem e Seus Corpos,* São Paulo: Editora Pensamento. (N. E.)

trabalho da ST, que realçam sua compreensão clara e profunda da Teosofia como uma sabedoria viva.

A Natureza da Teosofia

Teosofia, como a palavra indica, é a Sabedoria Divina, e podemos ter alguma concepção dessa Sabedoria somente na medida em que ela penetre nosso campo de ação. Para nossos propósitos, então, ela pode ser definida como a Sabedoria declarada em todas as coisas da Natureza, uma sabedoria que deve ter relação com as coisas que observamos em nossa experiência prática da vida.

A Sabedoria Divina deve abarcar tudo que é visto e não visto, tudo que para o ser humano tenha vida e forma, subjetiva ou objetiva. Suponhamos que temos conhecimento de tudo isso, em algum grau; será que esse conhecimento fará uma síntese total e completa? Só pode haver uma síntese no campo do conhecimento se houver uma certa coerência ou harmonia naquilo que é conhecido, ou seja, no Universo. As coisas são mantidas juntas de uma certa maneira mesmo agora, sob a pressão de forças que agem segundo certas leis. Temos conhecimento desta condição, uma análise de suas partes. Mas haverá um princípio no Universo que contribua para uma harmonia fundamental maior, mais profunda, que produzirá uma eventual união de todas as partes, trazendo antes uma certa ordem que pode ser descrita como uma síntese verdadeira e completa, possuindo a mais elevada importância?

. . . A Teosofia, que é uma versão moderna da Sabedoria Antiga com relação a estas coisas, responde a esta pergunta afirmativamente.

Existe um princípio de Unidade no Universo, que é altamente subjetivo, a unidade de Vida ou Espírito. Tudo que está manifestado surge a partir de uma polaridade entre este princípio de Unidade e o princípio de Diferenciação, representado pela Matéria com toda a sua objetividade e em todos os seus graus. Outras palavras para esta polaridade são Espírito e Matéria, que são inseparáveis em todos os níveis e em todas as formas. Somente a manifestação do Espírito é que varia, em grau, qualidade e ação. E é esta suposição fundamental que distingue o que pode ser descrito como Teosofia de todas as filosofias materiais e puramente empíricas. Devido a esta suposição, a Teosofia pode ser descrita como uma filosofia espiritual.

A mais importante destas verdades é a unidade de toda a existência. No fato dessa unidade, que é dinâmica, jaz a possibilidade de uma síntese perfeita. Todas as coisas estão evoluindo para um estado no qual sua alma – sua verdadeira natureza ou natureza vital – tornar-se-á mais aparente, um estado de maior percepção, flexibilidade e capacidade para auto-harmonização. Quando esse processo estiver completo, todos terão penetrado em sua ordem própria, uma ordem que contribuirá para a cooperação mútua e maior solidariedade, sem que nenhuma das coisas sacrifique sua própria qualidade espiritual distintiva.

Sabedoria é muito mais do que conhecimento, aliás é diferente de conhecimento, que geralmente é apenas o conhecimento de fatos superficiais e dos processos que os criam ou os envolvem. Nossa sabedoria consiste no que produzimos a partir desses fatos e processos. A sabedoria não jaz na mera ingenuidade por parte da Natureza ou por parte de Deus. Não existe nada mais maravilhoso do que a ingenuidade da Natureza. Mas aonde isso leva e a que propósito? Existe um propósito profundo na Natureza, que é o desabrochar do que está no interior das coisas, da natureza nelas oculta. Neste desabrochar há alegria, há criação, e há beleza, todas um fim em si mesmas.

Nosso conhecimento dessa Sabedoria Divina deve necessariamente ser parcial e limitado. Nosso horizonte, de qualquer eminência que possamos controlar, deve ser um minúsculo segmento de uma esfera infinita. Contudo, a visão que obtemos pode ser para nós uma visão completa, criando uma perspectiva bem equilibrada. Essa perspectiva tem recebido o nome de Teosofia, e nela podemos pintar quaisquer detalhes ou conhecimentos que possam chegar a nós. Ela coloca todo nosso conhecimento numa certa ordem, dando-nos uma ideia mais plena do significado dos processos nos quais estamos envolvidos. Esta compreensão tem de ser tanto de vida quanto de forma. Pois vida ou Espírito é o agente sintetizante. E o conhecimento da vida só pode surgir através da percepção de outros, uma compreensão sensível, altruísta e imaginativa, livre da escravidão ao eu pessoal limitado e separado. ("Theosophy, a Comprehensive Synthesis", do livro *An Approach to Reality*).

O Trabalho da Sociedade Teosófica

A Sociedade Teosófica veio à existência sob a inspiração de certos Adeptos Instrutores para que pudesse ser um instrumento de serviço à humanidade. A importância deste passo mal foi percebida no crepúsculo dos primeiros dias, mas à luz dos desenvolvimentos subsequentes, a utilidade da Sociedade, tanto na esfera do conhecimento quanto na das atividades humanas, pode ser melhor apreciada agora. A semente, quando lançada no solo infecundo e rígido do materialismo do século XIX e nas frígidas condições do mundo então existentes, deu pouca indicação da natureza da árvore na qual se tornaria. Nem poderiam os membros, vivendo no mundo externo, adivinhar então que deveria ocorrer, no século vindouro, uma transformação em todo o mundo, na qual o trabalho da Sociedade iria auxiliar.

A missão da Sociedade Teosófica tem sido, como podemos agora perceber com clareza, imprimir a ideia de uma Fraternidade Universal da Humanidade, tão necessária para o "mundo único" de hoje em dia, e colocar, perante o mundo, certas ideias básicas da Sabedoria chamada Teosofia, para facilitar a transformação que deveria ocorrer no mundo do pensamento, e seguindo a isso, no mundo da conduta humana.

. . . Embora comprometidos com uma Teosofia, pelo título mesmo que ostentamos, é uma Teosofia em abstrato, que não está limitada por quaisquer doutrinas nas quais possamos buscar reformulá-la. Se é uma Sabedoria Divina, como indica o termo *Theo* em Teosofia, ela deve transcender toda formulação atual, à qual, além das limitações de nossa inteligência imperfeita e em evolução, deve necessariamente ser expressa na linguagem da experiência comum. Aquilo que pertence à Divindade deve ser tanto subjetivo quanto objetivo, e aquilo que é subjetivo, uma questão de compreensão, não pode ser objetivado em palavras.

As verdades que estão no que poderíamos chamar de os clássicos da Teosofia, aquelas a que poderíamos chamar de verdades fundamentais, às quais por livre consenso, e não por qualquer cunho oficial, concedemos o título de "Teosofia", lá estão como resultados práticos de nossa busca, e para nossos propósitos atuais constituem uma bela arquitetura que abrange todo o terreno de nossa experiência prática, abarcando os céus de todos os lados e por cada linha e arco gracioso, proporção de sugestão, elevando nossa visão, e juntamente com nossa visão nossos corações, ao topo de sua capacidade.

É nosso óbvio dever como teósofos proclamar essas verdades ao mundo, não de modo dramático, com respeito ao ouvinte, dando-lhe total liberdade para aceitá-las ou não, ou a elas responder em parte, totalmente convencido de que existe Teosofia no coração de cada pessoa e que ela surgirá no seu tempo devido.

A [ST] tem conseguido afetar o mundo numa extensão muito além de seus números, por causa das vidas de seus membros e do valor de suas ideias. Teosofia significa necessariamente tanto pensamento quanto ação.

Não podemos separar um aspecto da Sabedoria de outro, nem o filosófico do científico, nem a sabedoria que está no coração da sabedoria que emana das mãos, em outras palavras, o ideal e a prática. No geral, seria legítimo dizer que uma verdade só é uma verdade para nossa consciência quando extraída do vazio do abstrato e colocada no ambiente de seus próprios relacionamentos na vida. Somente a aplicação é que testa um princípio e retifica a compreensão que dele temos. Toda verdade espiritual, sendo viva, deve ter um dinamismo que se traduz em ação.

Sabedoria não é conhecimento, mas consiste verdadeiramente no uso do conhecimento que revelará sua bondade, e na compreensão das limitações de nosso conhecimento, em outras palavras, nossa ignorância.

Embora cada forma de aplicação seja uma corporificação de certas verdades da Sabedoria, a Sabedoria em si deve transcender todas as aplicações. A partir desta fonte inexaurível devem surgir novos caminhos, novas ideias. O presente não deve condicionar o futuro. Nenhum experimento ou expressão pode estereotipar a Teosofia. A aplicação está sempre de acordo com as condições, circunstâncias, inclinação e ideias individuais da pessoa ou grupo que está aplicando.

Os teósofos, como estudantes da verdade única e abrangente, podem concordar em afirmações dessa verdade, mas estão propensos a diferir ao levá-la a cabo. Você e eu podemos ver a verdade, digamos, no Socialismo, o cuidado social do indivíduo, e no Individualismo, a liberdade e responsabilidade do indivíduo, contudo podemos nos dividir na ação como Socialista e Livre Empreendedor. Podemos ambos acreditar em ensinar à criança modos disciplinados, em evocar através da ação um propósito construtivo, e também em liberdade irrestrita, para a criança crescer segundo sua tendência Divina. Contudo, ao lidar com crianças em casa e na escola, nós divergimos ao enfatizar um princípio ou o outro. Mas o teosófo procura ver e compreender a realidade em ambos os pontos de vista. Nessa tentativa, que exige uma mente constantemente aberta, é que todos os membros da Sociedade, quaisquer que sejam suas disposições ou idiossincrasias individuais, podem estar mais completamente unidos.

O que é teosófico? O que quer que o teosófo faça é teosófico, isto é, se ele ativamente expressa o espírito da Teosofia, se ele é "uma caneta na mão de Deus, através da qual o Seu pensamento pode fluir e encontrar por si mesmo uma expressão aqui embaixo". Mas esse pensamento tem diferentes níveis de manifestação e tende a fluir através de diferentes canais em diferentes modos. A Sociedade Teosófica foi designada como um meio de criar, por assim dizer, um reservatório no qual esse pensamento possa fluir por uma descida interior e então verter para o mundo físico externo através do meio da palavra e da ação.

Na nossa Sociedade não deve haver Bíblias nem amarras. O espírito, que é o espírito da Sabedoria é vida, e vida significa crescimento e adaptação. Nós não possuímos a plenitude do conhecimento nem da compreensão. E nossa Sociedade existe para o serviço ao mundo, que é um mundo em mudança, com várias necessidades e condições. Nossas mentes devem estar abertas para a luz de onde quer que ela venha. Uma mente aberta, uma genuína aspiração pela Verdade, uma fraternidade para com todos e uma determinação de viver essa fraternidade irá assegurar o crescimento da Sociedade e sua utilidade através das décadas, e irei até o ponto de dizer séculos, baseando esta ampla esperança não em qualquer profecia, mas na profundeza do impulso vital em nós mesmos.

Naquela região onde as distâncias não obstruem, não dividem nem confundem, e onde todas coisas são distinguidas por suas qualidades, onde semelhante mistura-se com semelhante, podemos visualizar a Sociedade durante os anos e anos à frente como um brilhante orbe de luz, um orbe dourado, lançando uma luz singular que se difunde na atmosfera desta Terra, uma luz cujo brilho aparece nas mentes e nos corações, no estado de vigília e no sonho, daquelas pessoas capazes de recebê-la, como seus mais belos pensamentos, suas mais vívidas experiências e seu sacrifício e amor mais altruístas.

("The Work of the Theosophical Society" de *A Theosophist Looks at the World*)

A Natureza da Mente

Quando se examina o processo do pensamento, que é uma atividade positiva, a vontade está agindo o tempo todo. A atividade consiste de uma série de passos. Cada passo tem de ser iniciado por um impulso, por mais rápido e fácil que possa ser. O que é impulso no campo físico é vontade ou a força de inclinação no campo da consciência. No processo de pensar, embora você possa não estar perceptivo do fato, há esta vontade agindo o tempo todo, mudando de uma imagem para outra. Ela age entre as imagens da consciência, no campo da memória. Se não houvesse memória, você nunca conseguiria pensar, porque não há campo sobre o qual este raio, esta linha de luz, possa atuar.

A consciência é algo extraordinário. Sua natureza essencial é como um negativo fotográfico, receptivo e impressionável. O astrônomo moderno percebe muitas coisas por meio deste negativo, que é tão sensível que registra, no espaço, objetos pequenos demais para nossos olhos. A consciência de cada um de nós retém as impressões que recebe, indefinidamente, em algum aspecto básico seu. Estas impressões, recebidas no transcurso da vida da pessoa, são também registradas no cérebro, e o que aí está registrado, ou pelo menos parte dele, pode ser trazido para o nível da mente consciente por um processo puramente mecânico.

Não conhecemos a natureza da conexão ou os elos que existem entre a matéria nos diferentes estágios de sua derivação de uma forma original concebível, e a consciência concebida como algo de uma categoria bastante diferente da matéria e complementar a ela. Só se pode conhecer a natureza desses elos quando, na consciência da pessoa, há um estado de liberdade interior das limitações que a matéria, nesses diferentes estados, lhe impõe.

As impressões formadas no cérebro podem continuar durante algum tempo porque o cérebro é constituído de matéria, e o que quer que seja formado de matéria deve ter fim. Mas a consciência não é da natureza da matéria como a conhecemos, mas há um certo aspecto dela que é da natureza de uma substância, embora de um tipo extraordinário, a qual talvez também seja a fonte de toda a matéria. O que está registrado nela nos mínimos detalhes pode ser retido indefinidamente. Aquilo que é chamado de *Ākāsha* é a fonte e a base comum da consciência, da vida e da matéria, capaz de receber e reter a impressão de tudo que existe e ocorre. As impressões do passado integram a memória do indivíduo, consistindo de partes facilmente lembráveis e partes profundamente submersas.

Quando as imagens no campo da memória são mudadas daqui para ali, surgem diferentes relacionamentos entre elas, e a mente, em seu aspecto de negatividade, nota estes relacionamentos. Por exemplo, a distância entre dois objetos é grande; colocados próximos a uma outra linha, a distância parece menor, e assim sucessivamente. Todo movimento é a atividade do pensamento baseada na memória; envolve comparação, raciocínio, lógica e inferência.

A vontade é geralmente considerada parte da mente, mas é preciso fazer uma distinção entre sensibilidade e vontade, e da mesma forma compreender a natureza dos sentimentos que são também considerados como parte da mente. O sentimento, quando é sentimento da natureza de algo, como quando você sente com a mão a textura de um tecido, é uma forma de sensibilidade – é o aspecto negativo da consciência. Mas usamos a palavra "sentimento" também para incluir reações pessoais. Assim, o sentimento tem diferentes significados. Sinto a agradabilidade do ar, a beleza do céu, e também uma certa repulsão ou reação de medo. Estes são diferentes tipos de sentimentos. Quando você sente a natureza de uma coisa, passivamente ou em silêncio, você está perceptivo de algo que existe.

Chegamos agora a certas complicações que surgem devido a outro fator, que é apego ou desejo. Consciência implica literalmente experimentar fatos a respeito do que quer que seja, onde quer que exista. Ela registra também os fatos de prazer e dor. Eu toco algo quente, há uma sensação de dor. Experimento algo agradável, há prazer. Estas coisas são sensações, da categoria do conhecimento, mas em vez de simplesmente registrá-las, a consciência apega-se a certas sensações e repele outras. Obviamente que conhecemos isso muito bem. Repulsão é também um tipo de fixação que é apego, e assim poderemos chamar todo o fenômeno, incluindo cada forma de repulsão, como o fenômeno do apego. O medo é uma forma de repulsão, mas ele se aferra e até mesmo obstrui o discernimento.

Quando dizemos que somos apegados, o que está apegado a quê? É o apego da consciência em sua natureza inerentemente incolor ou cristalina, uma natureza de saber, à sensação que é uma experiência de algo particular. O açúcar é doce. A consciência que em si mesma é incolor é apegada a essa sensação que é doce, mas essa sensação é também uma forma de consciência. Assim, aquilo que em si mesmo é sem forma apega-se a algo particular que possui forma e limitação. De qualquer maneira assim parece. Não vemos estas coisas com bastante clareza, primeiro porque não prestamos atenção; segundo, nossas mentes não são suficientemente rápidas e suficientemente livres para penetrar as nuances das mudanças em nós mesmos e das transações entre nossas mentes e o mundo externo.

O apego é automático. Você tem uma lata de nozes, você coloca uma noz na boca e a morde, experimentando uma sensação agradável. Sem que você saiba – você pode estar absorto num livro – a consciência fica presa a essa sensação. Do apego surge o desejo que motiva a vontade de colocar seus dedos naquela lata e pegar outra noz. E assim vai, e no momento em que você termina metade do livro, você pode ter terminado metade da lata. A ação é automática, quando você não presta atenção a ela, mas logo que sua atenção é dirigida a ela, você começa a pensar: "Devo continuar a comer? Talvez eu devesse parar." Isso quebra a continuidade.

Em nossas vidas existe algum grau de apego a cada experiência que se tenha fixado. Todo apego é como um fio no campo da consciência, lançado a um ponto particular, uma imagem particular, uma sensação particular. Quando este fio, chamemo-lo de filamento, é galvanizado, quando uma certa corrente o atravessa, então há um puxão, e esse puxão é o desejo. Apego é a forma passiva de desejo, e sempre há muitos fios na natureza de uma pessoa que são puxados em diferentes direções. Eu disse que mesmo a repulsão pode ser considerada uma forma de apego, pois você está preso à coisa que repele, à pessoa a quem odeia, à imagem de que tem medo. Seja ódio ou medo, ambição, ganância ou desejo, o fio e a tensão lá estão.

Quando esses fios tão emaranhados puxam de diversas maneiras, todo o campo da consciência, o *continuum*, fica distorcido, amarrotado, totalmente irregular. É isso o que acontece a todos nós em algum grau, e isso é o que somos, embora não compreendamos. Quando ele perde a forma em função das tensões, do estresse e das pressões, o campo da consciência não mais é um espelho confiável. Eu o chamei, a princípio, de um espelho no qual as coisas são refletidas como são, é para isso que ele serve, mas quando não é mais confiável, mostra imagens distorcidas. Você pode dizer: "Não, eu vejo esta árvore muito bem, não há nenhuma distorção na minha consciência." Sim, com relação à árvore, existe esse grau de veracidade em nós. Se não conseguimos ver a árvore como uma árvore e imaginamos vê-la como uma onda no oceano, então certamente não podemos viver neste mundo. Vemos as coisas como são, mas somente até certo ponto. Mas o espelho mostra quadros distorcidos dos personagens e os motivos das pessoas, de situações, de tudo que ocorre no campo da consciência, embora não das coisas do mundo físico, que é inexoravelmente objetivo e não pode ser manipulado com impunidade. Ele não é mais um negativo translúcido, claro. Muitas impressões precipitaram-se sobre ele. Certamente que tem por finalidade receber impressões, mas elas não apenas se precipitaram sobre ele, mas nele se grudaram; devido ao processo de apego, ele agora está revestido de uma sombra espessa do que ele é, em sua pura natureza essencial.

Nós não conhecemos essa pura natureza essencial, na qual se pode dizer que estamos enraizados, porque mudamos muito. Nós podemos ter água corrente cristalina, mas se a água mistura-se com muita lama e outras coisas, e finalmente congela, e se este bloco congelado racha em vários pontos, veremos protuberâncias de gelo com várias formas misturadas com a matéria estranha; não é mais a água vítrea, cristalina, que belamente fluía suave e uniforme.

Se nos tornamos algo diferente do que éramos originalmente, e do que poderíamos ter continuado a ser, poderá tudo isso ser desfeito? Como podemos readquirir aquela natureza na qual pode haver o sentimento de máxima liberdade com sua inerente sensibilidade? Só pode ser desfeito através da compreensão de toda a condição e processo – através do autoconhecimento, da percepção, da compreensão. Percepção é registrar o que é e o que ocorre em sua objetividade. Compreensão inclui perceber o significado de tudo que ocorre. Autoconhecimento é voltar a atenção para os processos que constituem o eu, e conhecer a natureza desse eu constituído. Não poderemos saber o que significa liberdade até então, nem a extraordinária sensibilidade que a acompanha.
("Activity of the Mind", de *Life's Deeper Aspects*)

Fraternidade Universal

Pode-se dizer sem exagero que se existe uma chave para a solução de todos os problemas no relacionamento humano é a simples e, contudo, profunda verdade da fraternidade universal, fluindo do fato de que todos os seres humanos originam-se das mesmas raízes e são essencialmente da mesma natureza, por mais que este fato possa estar velado e eclipsado pelas modificações que sofre esta natureza, apresentando assim diferenças nas características mental e física.

Que assim permaneçam todos os sistemas sociais e políticos existentes, imperfeitos e insatisfatórios como podem ser; se for dado um genuíno senso e compreensão desta verdade subjacente, o mundo testemunhará uma mudança miraculosa; em vez de ser, como é, amplamente um caos crescente, e um quase inferno para inúmeras pessoas cujas tristezas estão ocultas de nossas vistas, ele se tornará quase um paraíso.

Toda palavra que tenha um belo significado tende, no transcurso do uso, tornar-se algo trivial e vazio, uma moeda praticamente sem valor. Transformada num convencionalismo, num mero sinal, numa indicação de uma ideia, não é a realidade, torna-se uma barreira que oculta nossa falta de sensibilidade e ignorância. Todo conceito que detém um valor que seja espiritual em seu sentido fundamental, isto é, destituído de quaisquer elementos de autointeresse e autossatisfação, é degradado e materializado; é traduzido na prática em termos que negam sua importância original. Assim, a religião torna-se uma forma vazia, um rótulo de exclusividade e respeitabilidade, além de ser um meio de iludir a si própria e uma causa de antagonismos. A caridade transforma-se num meio de autoexibição e de se obter consideração e apoio para si próprio, e também um lenitivo para a consciência.

De modo semelhante, a fraternidade, mesmo quando é considerada uma doutrina prática e não simplesmente tolerada como uma ideia inócua, é traduzida em termos de coexistência que pede apenas a paciência e a tolerância daqueles de quem se discorda e de quem não se gosta. Simplesmente existir simultaneamente neste planeta com o outro, sem atacar o outro, pode ser um progresso em relação à lei da selva, mas é o mais pobre dos pobres objetivos para um ser humano, constituído como uma fonte de energias que pode transformar-se em inúmeras formas de beleza, agindo sobre os outros e produzindo múltiplas bênçãos e felicidade para si e para eles.

Infelizmente, quando as oportunidades se expandiram com todos os meios de movimento e comunicação que a ciência nos proveu, e quando novos campos de atividade foram abertos pelo aumento do conhecimento científico, as pessoas afastaram-se umas das outras, não apenas fisicamente e em seus interesses, mas também no plano das afeições, da compreensão e daqueles sentimentos mais profundos, que na conduta normal são gerados pelo contato íntimo. Como se diz que as estrelas e as galáxias estão se afastando umas das outras num Universo em expansão, também, no mundo moderno, cada pessoa, intensa e febrilmente, está buscando seu objetivo particular, afastando-se de seus semelhantes que estão também se movendo cada um em sua própria direção. Até onde ela abarca um terreno mais amplo – não é este o caso com o crescente número de especialistas e técnicos que não vão além de seus estreitos sulcos – ela perde profundidade de compreensão e profundidade nos relacionamentos. Com toda a variedade de contatos e interesses que a estimulam, mas só superficialmente, a vida é um acontecimento insatisfatório.

Estamos vivendo num período da história do mundo no qual a mente humana que está buscando é jogada daqui para ali, sentindo-se irrequieta. Esta atividade guiada e controlada resulta nas construtivas realizações da ciência e da tecnologia, que dão seu cunho particular a este período, fazendo-o se sobressair aos outros, mas que também cria uma condição difícil na mente de toda pessoa comum, que é empurrada, puxada e estimulada por uma variedade de forças e eventos. Existe uma maré de ideias misturadas, criadas não apenas pelas notáveis contribuições ao conhecimento, mas também pelos eventos diários, crônicas, comentadores e livros que lidam com mil e uma questões. Essas ideias, vertendo-se sobre a mente mediana, não contribui de modo algum para sua iluminação. Mesmo a melhor das mentes tende, nos dias de hoje, a viver em segunda mão, satisfeita com ideias que, afinal, são representações, mesmo quando verdadeiras, e não com a realidade. As imagens que formamos tornam-se muralhas ou telas, evitando que a vida seja vivida em contato direto com as pessoas e coisas como elas são.

A fraternidade tem um significado na realidade das coisas que deixamos escapar quando se torna uma doutrina acadêmica. Significa, no plano psicológico, um positivo interesse e sentimento nos outros e pelos outros, e também uma compreensão dos outros. Dessa base, erguendo-se a realizações mais elevadas e mais sutis, a fraternidade pode tornar-se uma expressão de toda aquela beleza de sentimento que São Paulo transmite em suas cartas aos Romanos e aos Coríntios. São Paulo fala da caridade do coração ou, como traduzido por alguns, do amor, que é sempre belo. O amor assim como a afeição é verdadeiro quando existe, porque é definido e claro. É tão real quanto os vários raios que penetram uma substância sólida, ou uma corrente elétrica que rearruma um campo magnético e dispara várias reações físicas.

Pelo fato de a fraternidade aplicar-se a uma pluralidade de seres, ela se torna uma abstração ou um sentimento enfraquecido por sua difusão, uma incerteza amorfa desprovida de agudeza de foco e perspectiva. É ineficaz porque é um conceito colocado em alguns compartimentos de nosso pensamento, e não uma força que muda o nosso pensamento e conhecimento de maneiras positivamente definidas. Se há alguma essência, com as mesmas energias, metaforicamente o mesmo sangue, em diferentes indivíduos, de algumas camadas de existência, a fraternidade pode desenvolver neles a capacidade de conhecerem uns aos outros como parentes, e de responderem uns aos outros com afeição e beleza. É neste conhecimento e nessas respostas que o verdadeiro significado da fraternidade deve ser descoberto. Fraternidade, sendo um termo abstrato, soa como uma condição estática que simplesmente deve ser notada, mas na realidade consiste de um intercâmbio natural entre um ser humano e outro, cada qual uma forma especializada de Vida ou Espírito, a palavra "Espírito" referindo-se a uma profundidade e gama de significados que têm de ser descobertos por cada um dentro de si próprio. Quando a fraternidade está imbuída deste significado, torna-se um relacionamento no qual o desabrochar de cada um é enriquecido pelas respostas do outro.

É dessa maneira, a cada passo, em associação com membros de todo o grupo natural que pode incluir-nos, que começamos a compreender como a vida deve ser vivida, o que realmente significa a cooperação com os outros, qual é o *dharma* pessoal com relação a eles, o que significa fraternidade em ação e na prática. Todo auxílio e serviço que possamos dispensar ao outro para suprir uma necessidade ou promover uma iniciativa benéfica é parte desse *dharma*, que é o caminho do progresso pessoal para fora das limitações e sombras para o interior do reino da unidade e da luz; é também uma expressão dessa fraternidade que é a verdadeira relação de um para o outro, quer se reconheça ou não. Dizem que quando alguém finalmente penetra o reino da luz e seu ser mais recôndito é absorvido na essência que a constitui, toda a Natureza canta um hino de alegria, porque a Natureza, ou melhor, as camadas mais profundas dela são uma tábua de ressonância para cada palpitação, seja de alegria ou de dor, sentida por qualquer de seus filhos. É a unidade subjacente a toda diversidade que

nos torna partícipes da porção e do destino do outro. Cada um age sobre os outros inevitavelmente de maneiras que aumentam ou diminuem suas próprias alegrias e tristezas, dependendo de se sua ação, seguem as leis da unidade que constituem o bem e o belo, ou os caminhos da separatividade que sempre causam distorção e conflito.
("The Dynamics of Brotherhood", de *The Nature of Our Seeking*)

Entendendo a Morte

Um dos mais famosos diálogos de Platão, que atraiu mais atenção do que qualquer outro, é aquele no qual ele descreve a morte de Sócrates. Havia poucos amigos presentes durante o dia, cuja noite vira sua passagem, e este diálogo assume a forma de uma conversa que ocorreu naquele último dia. Começou com argumentos sobre a preexistência da alma, no transcurso do qual diferentes ideias foram colocadas com relação à sua natureza. Esta parte da discussão termina na afirmação de sua imortalidade. Parece-me valer a pena considerar os pontos discutidos, mesmo nos dias de hoje.

Quando seus amigos entraram na prisão viram Sócrates coçando a perna, que acabara de ser liberta dos grilhões. Notável a respeito de sua conduta, quando encontrou seus amigos, foi o fato de ele não ter feito nenhuma reclamação; não havia qualquer sinal de autocomiseração em sua conduta; ele apenas fez uma observação sobre a extraordinária alternância e conexão entre prazer e dor na vida. Ele disse que até então houvera uma experiência de dor, mas agora que ficara livre dos grilhões, imediatamente houve prazer. Se qualquer um de nós tivesse estado em sua situação, eu me pergunto que tipo de sentimentos ou pensamentos teríamos alimentado em ocasião assim.

Aparentemente, a conversa continuou durante horas. Após discutir a natureza da alma, Sócrates explica quais são os objetivos buscados por um verdadeiro filósofo, e porque a morte lhe é bem-vinda. As afirmações feitas não são declarações, mas simplesmente uma discussão de ideias, de possibilidades, e de inferências a serem delas extraídas.

Um de seus amigos sugeriu que se pode conceber a alma como sendo da natureza da harmonia. Se o corpo pode ser comparado a uma lira ou a um alaúde, a alma poderia ser à música produzida por ele. Esta visão, embora invista a alma com uma dignidade e natureza que pode possuir tanto profundidade quanto beleza, não lhe confere um *status* independente. A visão apresentada parecia propor o que se chamaria uma teoria epifenomenalista, isto é, o corpo é a realidade, várias atividades ocorrem nele, particularmente as do cérebro, e a alma, embora possuindo uma natureza de harmonia, é meramente um produto dessas atividades, talvez apenas daquelas que pudessem conduzir a este resultado. Mas quando o instrumento estivesse quebrado não mais haveria música. Houve objeção a essa colocação.

Muitas coisas ocorrem na Natureza, como o nascer e o pôr do sol, de uma maneira que é contrária aos fatos reais. O argumento de que a alma ou a mente – por enquanto colocando as duas juntas – é meramente um tipo de imagem refletida das atividades no campo material do cérebro, embora plausível, pode também ser contraditório aos fatos. O que a princípio parece ser o caso, pode não ser a verdade básica ou subjacente.

Os argumentos apresentados para a preexistência da alma são ideias que desde então se tornaram famosas como parte da filosofia platônica. Houve referência à crença antiga de que a alma que nasce neste mundo retorna de outro mundo para o qual o ser humano vai na morte. Certamente que este é um conceito amplamente aceito na Índia, mas existia também um antigo pensamento entre outros povos. A sugestão foi que os mortos vêm dos vivos; os vivos vêm dos mortos. É um fenômeno de ocorrência cíclica, como dormir, despertar, e dormir novamente, e está de acordo com a verdade ou a regra na Natureza de que os opostos são gerados uns dos outros. Morrer e nascer são um par de opostos. Mas o modo como estão unidos, fazendo com que um evento traga o outro em sua esteira, aparentemente não foi esmiuçado. Platão tem uma maneira de às vezes lançar uma ideia que é profundamente sugestiva e interessante, e depois deixar aos outros pesquisá-la ainda mais por si mesmos.

Outro argumento referia-se a uma ideia que Sócrates propusera anteriormente, de que todo conhecimento verdadeiro é reminiscência, uma lembrança no cérebro físico. A alma deve ter existido e tinha um tipo particular de conhecimento, antes de ser unida ao corpo, e a evidência disso é que compreendemos coisas tais como justiça, beleza, igualdade de espírito, e assim por diante, e essas ideias não são derivadas das percepções sensoriais. Portanto, estas coisas já devem ter feito parte do conhecimento da alma. Percepções sensoriais – a audição de sons, a visão de que algo é vermelho ou preto, e que algo mais é alto ou baixo – são todas ideias comparativas. Apenas a partir destas percepções não se pode desenvolver ideias de beleza, justiça, moralidade, etc. Portanto, esse conhecimento e ideias devem ter uma fonte diferente. Ademais, se a alma existiu previamente ao nascimento e independentemente, então ela não pode morrer com o corpo.

Foi feita uma outra afirmação de que quaisquer que sejam seus outros atributos, a alma deve ter a natureza da vida. Ela não pode ser uma abstração, uma projeção da mente. Esta ligação de vida e alma, obviamente importante na série de ideias apresentadas, foi limitada pela afirmação de que algo deve ser da mesma natureza da Deidade para justificar a crença na sua imortalidade. Somente o Divino pode ser imortal, e aquilo que não é Divino deve ser mortal.

Sócrates então exorta seus amigos a adquirir virtude e sabedoria nesta vida. O momento de sua morte estava se aproximando, mas ele continuava a conversar livre e facilmente como fazia em qualquer outro dia de sua vida. Ele disse: "O filósofo genuíno é alguém cuja mente está direcionada à verdade e à virtude". A palavra "filósofo", e também a palavra "filosofia", mudaram bastante de significado desde os tempos antigos. Atualmente pensamos que o filósofo é alguém que analisa e argumenta de modo abrangente, às vezes indefinidamente, sua tese particular; a vida que ele vive nada tem a ver com sua habilidade e atividade intelectual; mas não era essa a visão que se tinha antigamente. No sentido literal da palavra, filosofia é o *amor* pela verdade, e amor sempre implica ação. A verdade, se sua natureza for tal a ponto de inspirar amor, pode causar uma profunda mudança na pessoa, mudando o seu interesse pelas coisas dos sentidos, que são efêmeras, meros passatempos e prazeres, para coisas nobres e verdadeiras. Esse era o antigo conceito de um filósofo. Pelo fato de sua mente estar dirigida para a verdade e a sabedoria, o filósofo, dizia Sócrates, é alguém "que está desejoso e pronto para morrer". Portanto, a morte não é mal acolhida por ele. É assim que ele explicava sua alegria quanto à perspectiva de partir deste mundo. Mas ele disse também que não é certo cometer suicídio.

Pelo fato de a morte ser bem-vinda, a mente é direcionada para a verdade e a virtude pelo filósofo, pois para ele a filosofia torna-se verdadeiramente uma preparação para a morte – uma ideia surpreendente. Alguns eruditos interpretaram as palavras gregas como significando "Filosofia é verdadeiramente uma meditação sobre a morte", o que não me parece estar em consonância com a maneira fácil como Sócrates a considera. Uma outra versão é muito mais compreensível, ou seja, quando a vida é vivida de maneira apropriada, dirigida para aquelas finalidades que são as finalidades da alma (e não os desejos do corpo), então a filosofia ou "a vida de um filósofo é apenas um longo ensaio para morrer".

O filósofo, cujo interesse está centrado na virtude e na sabedoria, purifica desta maneira sua inteligência, para que ela fique livre de toda mácula, de todo elemento estranho. É a purificação de toda a natureza pessoal que produz independência espiritual, e esta é a verdadeira liberdade ou *mukti*, que não significa literalmente a fusão no *Logos*. Antes que possa ocorrer a fusão do espírito humano no *Logos*, o ser humano tem de se libertar de seus grilhões e apegos.

Expressando a mesma verdade de outra maneira: É verdadeiramente o descartar do passado pessoal, de todos os apegos que dele surgem, que transforma o ser humano num novo Ser. A entidade que está funcionando atualmente é uma criatura do passado, veio ao longo de uma linha de continuidade, e tem em sua natureza e constituição muitas coisas derivadas de seu passado e de suas experiências. Ser transformado num novo ser é estar livre do passado, para que ele não mais o domine, obscureça ou dirija o presente.

Este tipo de morte torna a vida verdadeiramente mais vital, menos embaraçada e sobrecarregada;

assim, todas as percepções ficam mais aguçadas, e a inteligência torna-se mais intensa, concentrada e brilhante. É num estado de pureza dentro de si que se alcança a mais elevada qualidade no funcionamento de cada aspecto de seu ser. Toda substância, em seu estado puro, exibe seu pleno potencial.

Sócrates apresentou uma razão para estar desejando morrer: que seríamos prósperos aonde vamos, sob a tutela de bons mestres e com amigos. As pessoas gostam de estar em ambiente adequado. Se uma pessoa verdadeiramente dedicou sua vida à filosofia, ela pode ter certeza de que estará bem situada. Será feliz na proporção da pureza de sua mente, o que é também uma verdade importante.

Felicidade não deve ser confundida com prazer; ela surge da pureza de mente e coração e eleva-se naturalmente; não precisamos buscá-la de modo algum. Assim, Sócrates diz que se uma pessoa se dedicou à virtude e à sabedoria, ela pode cogitar a firme esperança de que o maior bem lhe sobrevirá no outro mundo, o que está de acordo com os ensinamentos dos livros teosóficos.

Há outro detalhe que merece nota. Se alguma vez tivermos de conhecer a natureza de alguma coisa em sua essência, conhecer a verdade da coisa e não meramente a forma, a aparência, o envoltório externo, devemos estar separados do corpo e contemplar as coisas em si mesmas apenas pela alma. Somente a visão da alma, o conhecimento da alma, é que pode dar a essência da verdade com relação a qualquer coisa na existência. A *Bhagavad-Gitā* menciona "os conhecedores da essência das coisas", ou seja, a qualidade essencial de uma coisa, que a torna diferente de tudo mais. A essência, a coisa em si, só pode ser conhecida através da alma, e jamais através dos sentidos. Enquanto vivemos aproximamo-nos muito do conhecimento dessa essência, quando não temos relação ou comunhão nenhuma com o corpo, exceto para o que a necessidade absoluta exija; isto é, quando deixamos de ser dependentes do corpo, de ser influenciados por seus apetites, ímpetos e paixões. Em outras palavras, todo o objetivo e estudo em filosofia no velho significado dessa palavra é a libertação e separação de alma e corpo, e isso pode ser tentado e alcançado mesmo enquanto a pessoa está vivendo neste mundo. Não é algo que tenha de ocorrer por um processo da Natureza, mas que pode ser produzido através da própria e clara inteligência da pessoa.

Quando se está livre da dependência do corpo, quando esta mudança ocorre em sua totalidade, então morte e vida são a mesma coisa para o ser humano real, sendo o ser humano real a alma; quer ele viva ou morra não faz diferença para ele. Isto também faz lembrar a frase na *Gitā*: "Os sábios não se afligem nem pelos vivos, nem pelos mortos". Ou seja, existe a possibilidade de se chegar a uma condição ou estado interior no qual quer a vida seja vivida no corpo físico, que tem sido chamado de prisão, ou fora dessa

prisão, é a mesma coisa. A alma usa o corpo como um instrumento, sem apego a ele.
("Encontrando a Morte como uma amiga". *Em Busca da Sabedoria*, Ed. Teosófica, 1991.)

Meditação

Pergunta: *Você é da opinião que a reta maneira de meditar é o constante percebimento de nossos próprios pensamentos e motivos*?

Resposta: É óbvio que temos de estar apercebidos de nossos pensamentos e motivos; de outro modo, não saberemos o que há de errado com eles; simplesmente continuaremos num estado de continuidade mecânica. Temos de considerar se nosso pensamento se justifica, se é razoável, bom; tem de haver uma introspecção constante em si mesmo. De outro modo, apenas agiremos "segundo nossa natureza", como se diz. Quando alguém diz que é ciumento por natureza, ele continuará sendo ciumento. Não consegue livrar-se disso até que enfrente esse ciúme, descubra como ele surge, veja o que ele faz aos outros, e assim por diante. Se simplesmente deixarmos a coisa de lado e seguirmos para o próximo passo, isso não é enfrentar o problema.

Nossas mentes trabalham mecanicamente, como um relógio. Não vemos de modo algum seu mecanismo em movimento. Portanto, estamos propensos a nos enganar. Existe a tendência inveterada de pensar bem de si mesmo, de se justificar, de diminuir as próprias faltas e lhes dar pouca atenção. Mas com relação às faltas de outra pessoa, você observa com seriedade e às vezes se inflama. Se você deixa cair uma louça no chão e ela quebra, você dirá, "estava tão escorregadia, minha mente estava distraída". Mas se o empregado deixar cair e quebrar alguma coisa, você fica furioso.

Há muita coisa em nossa natureza e em nossas mentes que estão reprimidas e ocultas, e esta é a mente subconsciente. Não é uma coisa extraordinária que possa ser descoberta por um psicólogo inteligente. "Subconsciente" significa verdadeiramente "sob o nível consciente", e você não está perceptivo dele. Mas temos de nos tornar perceptivos do nosso modo de pensar, de nossos motivos, nosso comportamento, mesmo com relação a pequenas questões. Numa fila, algumas pessoas querem avançar para frente rapidamente e se antecipar aos outros; elas acham que isso é perfeitamente justificado. Então a outra pessoa faz a mesma coisa. Mas deve-se fazer a coisa certa, independentemente do que as outras pessoas fazem. Isso é absolutamente essencial.

Ao mesmo tempo não é possível voltar a atenção ao que se passa em nossas mentes durante todo o tempo em que estamos despertos. Acharíamos isso muito cansativo, a atenção se dispersaria, exatamente como quando tentamos meditar sobre um tema particular. Estar constantemente apercebido é uma maneira de falar. Quando tentar meditar ou contemplar algo, você descobrirá que a mente vagueia dentro de um ou dois minutos, e exatamente a mesma coisa acontece quando você tenta prestar atenção a seus pensamentos. Esta dificuldade foi apresentada a Krishnamurti, e numa de suas palestras, ele respondeu, "brinque com isto", ou seja, calma! Ele também enfatiza o não esforço, que quer dizer, tem de ser feito com facilidade e de maneira prazerosa. Temos de nos tornar tão sensíveis que logo que alguma coisa aconteça, seja fora ou dentro de nós, precisamos percebê-la imediatamente, como um músico bem treinado que se torna consciente de uma nota errada logo que é tocada. Se houver algo claramente fora de lugar, errado, imoral, a pessoa tem de se tornar imediatamente perceptiva disso, o que exige uma certa sensibilidade, sem a qual a pessoa não estará perceptiva. Significa limpar a própria natureza de tudo que a obstrui. Como pode alguém tornar-se sensível? Somente compreendendo que existe muita coisa em nossa natureza que tem de ser eliminada, purificada; e que esta preparação é essencial. Patañjali fala da preparação para o *Yoga* e demora-se sobre os pontos de preparação.

A ideia de que todas as portas devem estar abertas, independentemente da aptidão ou das qualificações, é totalmente estranha aos arranjos da Natureza. Na Natureza há dois fatores: *karma*, o exato equivalente a você do que quer que você coloque no esquema *kármico,* e evolução, o desabrochar de vida e faculdade. Nós não vemos, de modo algum, a igualdade na Natureza, existe igualdade apenas no Espírito. É por isso que somente um ser humano espiritual pode ser equilibrado. Isso exige a transcendência das diferenças que existem, mas em meio às diferenças pode haver uma igualdade de Espírito. Podemos dizer "abolir as diferenças" e levar tudo para um nível morto de uniformidade, mas por certo isso não resolverá o problema, absolutamente; as diferenças se desenvolverão imediatamente. Mendigos discutem entre si sobre o que consideram seus direitos de maneira tão furiosa quanto pessoas abastadas discutem sobre suas propriedades.

É muito difícil dizer qual é a natureza da verdadeira meditação, antes que tenha havido esta preparação. A Dra. Besant certa vez perguntou a H. P. Blavatsky sobre o que ela deveria meditar. H. P. Blavatsky jogou uma caixa de fósforos sobre a mesa e disse, "Medite sobre isto", e ela não estava brincando. Ela assim falou, para indicar que a atenção, que é a essência da meditação, tem de ser dispensada a todas as coisas na vida, e não apenas a coisas particulares. Se a mente fica irrequieta vinte e três horas e meia do dia, ela não consegue ficar muito quieta e pacífica durante a meia hora restante. É por isso que a meditação, para a maioria das pessoas, é tão desesperante.

Além disso, não é tanto o objeto de meditação que se deve considerar, mas a condição da própria mente com relação ao objeto. Suponhamos que você tem um objeto de meditação e "senta-se" diante dele. O que acontece dentro de você com relação a ele? Pegue qualquer objeto ou pessoa que entre em sua vida; quais são suas reações a ele ou a ela? Esta é uma maneira de examinar o eu inferior à luz do superior, que era o que H. P. Blavatsky chamou de meditação, numa certa ocasião. À luz do Eu Superior significa com absoluta objetividade, impessoalidade, à luz da compreensão ou percepção. Esse autoexame é essencial para todos os aspirantes, e produz *viveka* (discernimento); sem ele não pode haver *viveka*. Todos nós dizemos que *viveka* é o primeiro passo. Mas antes de tudo você deve examinar a si próprio como faria um juiz, ou seja, não desculpar, condenar, encontrar motivos para uma ação, não rejeitar, porque isso significa que você apenas põe de lado e não prossegue no exame. Condenação é uma forma de rejeição. Se é errado condenar o outro, é igualmente errado condenar a si próprio; você é o que é. A não ser que você esteja num estado mental distorcido, você não bate em si mesmo fisicamente com força. Da mesma maneira, a autocondenação não leva ninguém adiante. Mas se você considerar com imparcialidade, impessoalidade, descobrirá que a fraqueza particular perde o controle sobre você.

A pessoa deve ser séria para com todas estas coisas; este é um requisito fundamental. Sem seriedade, podemos continuar falando de meditação, tentando isto e aquilo, dirigindo-nos a uma pessoa ou outra em busca de auxílio, mas nada é realizado. H. P. Blavatsky disse no Memorando Preliminar à Seção Esotérica: "Exige-se que os estudantes pratiquem o hábito de cuidadosa e constante concentração da mente sobre cada dever e ato na vida". Ao que quer que façamos, devemos dispensar plena atenção. H. P. Blavatsky diz ainda, "O estudante deve enfraquecer todos os seus desejos e focar-se na aquisição de conhecimento espiritual". Esta unidirecionalidade é essencial, e não apenas uma das muitas qualificações incluídas na lista de qualificações. Temos de ser sinceros, e fazer tudo bem, o que significa que devemos prestar suficiente atenção ao que fazemos; mesmo que seja uma questão comum e mundana, não se deve ser desatento, superficial e desleixado ao se fazer as coisas.

Controle da mente implica dispensar atenção, e meditação implica dispensar atenção inabalável. Quando você quer dispensar atenção a algo, quase que imediatamente a mente começa a fugir para algum outro lugar. Você a traz de volta, mas ela foge novamente. Você pode dar a isto o nome de meditação, mas não é. Consequentemente, dizer que você medita não é verdade, no estrito sentido do termo. Se você colocar a coisa de um modo mais modesto e disser, "Eu tento meditar", você estará mais próximo do fato. Não é culpa de ninguém não ser capaz de meditar; a pessoa só consegue agir segundo sua própria capacidade. Mas ela pode ver que consegue meditar apenas sobre um tema particular se estiver realmente nele interessado; a atenção virá a partir do interesse. Mas se não houver interesse, forçar a mente é mais do que inútil, é danoso, porque o cérebro é um instrumento delicado e você não pode cometer violência com ele mais do que com o coração.

É impossível direcionar a mente para coisas espirituais se ela está constantemente obcecada com sucesso, ambição, e vários prazeres. Uma mente que está buscando muitos prazeres – vantagens, lucro, popularidade, importância ou a satisfação de seus próprios anelos – não consegue meditar. Nestas circunstâncias, de que adianta colocar perante ela uma tarefa para a qual é totalmente inadequada? É como dizer a um homem que só consegue carregar cinquenta quilos, "Você deve carregar duzentos quilos"; isto não é, de forma alguma, bom senso. Você não consegue meditar a não ser que a mente esteja recolhida e aquietada. Mas se não estiver, você consegue fazer uma outra coisa por meio da qual possa gradualmente se colocar num estado de maior controle e recolhimento.

Foi feita objeção à palavra "prática" porque prática ou método estabelece estereótipos na mente, cava sulcos dos quais a pessoa não consegue sair. Devemos cuidar para que não empaquemos em algum lugar. Quando uma pessoa faz a mesma coisa repetidamente, ela está propensa a se tornar enfadada, e a mente torna-se obtusa pela monotonia. Este é um fato da experiência. Muitas pessoas repetem uma fórmula ou *mantra* muitas e muitas vezes; mas isso deve ser feito com a compreensão do que o *mantra* significa, a intenção deve estar claramente na consciência. Pode-se repetir uma segunda vez, contanto que a mente esteja completamente desperta, buscando e compreendendo o significado da fórmula.

Vejamos um fato comum da experiência: Quando uma frase é proferida ou falada numa conversa comum, somente uma parte de seu significado é geralmente aprendida por nossas mentes. Nós não assimilamos tudo na frase, mas apenas obtemos uma certa impressão, que pode ser vaga. Mas se a mesma frase for repetida e você estiver interessado, você consegue apreender mais do significado, da importância de cada palavra na frase. Essa repetição, com a mente aberta e tentando sondar e assimilar o significado, não é danosa, mas sempre há a tendência de tornar a coisa mecânica. Para a mente estar verdadeiramente alerta, livre, capaz de fazer movimentos diferentes, ela não deve mergulhar na rotina.

Assim, compreendendo tudo isso, consegue-se meditar até onde for possível, e tentar diferentes maneiras de ver o que é útil. Nada há de errado em se fazer isso. Você pode meditar ou prestar atenção numa virtude, numa verdade, em alguma afirmação num livro que possa ajudá-lo a viver a vida espiritual. Pode-se meditar sobre a natureza da vida, porque a vida está em toda parte, ela é oniabrangente. Pode-se meditar sobre a natureza do Cosmos e do processo evolutivo, sobre a natureza de um ser liberto, um Adepto ou *Bodhisattva*, no caminho para auxiliar a humanidade; esse tipo de auxílio seria fundamental, radicalmente bom e profundo, e não meramente superficial. Ou se você quer meditar e fazer algum bem a alguém, isso também é bastante bom; não deve ser desprezado. Não se pode rejeitar o bem menor em nome do maior, ambos devem existir.

Krishnamurti muitas vezes pergunta: "Você consegue contemplar uma árvore de maneira não botânica?", isto é, sem a influência de qualquer conhecimento prévio a respeito dela. Sabemos muitas coisas a respeito da árvore, mas conseguimos contemplar apenas a árvore, o fenômeno que ela é, como se a víssemos pela primeira vez? Suponhamos que em algum país, onde um homem tenha vivido toda sua vida, existisse uma grande árvore sem quaisquer flores, a árvore propagou-se através das raízes ou de alguma outra maneira. E subitamente, pela primeira vez, ele vê uma flor; seria um fenômeno bastante extraordinário. Aqui está uma coisa de madeira e folhas verdes. Como é que surge esta outra coisa com tantas pétalas e cores, tão delicadas e suaves, com fragrância? Pareceria um milagre. Olhamos para as flores, mas passamos por elas sem as ver. Nós já as conhecemos e preferimos olhar para outra coisa, talvez num cinema e não no campo. Mas a flor ou a árvore são muito mais belas.

Esse tipo de contemplação sem palavras seria *dhyāna*. Contemplação é diferente de meditação; precisa de uma mente totalmente desnuda de todas as ideias e conhecimento prévio, para que qualquer ação que ocorra não seja oriunda de memórias ou pensamentos prévios, mas de uma iniciativa interior, a partir das profundezas da consciência. Normalmente, os pensamentos surgem do leito das memórias. Mas suponhamos que a memória seja apagada por algum tempo, e não existam pensamentos prévios. Então o que surge na mente é oriundo do próprio fluxo da consciência. Algo acontece internamente, uma iniciativa interior. Em outros termos: surge da natureza do puro sujeito, que é o conhecedor. Em *A Voz do Silêncio*, diz-se que essa *dhyāna* ou contemplação é quádrupla. Mas não podemos sabê-lo até que cheguemos à condição na qual nos seja possível; não faz sentido falar a respeito disso. É como algumas pessoas escrevendo todo tipo de coisas fantasiosas a respeito do espiritual. *Dhyāna* é o penúltimo dos sete portais de que se fala em *A Voz do Silêncio*. Mas não se pode alcançá-lo antes de se ter chegado ao primeiro portal, *dāna* (caridade). *Prajnā*, ou perfeita compreensão, é o último portal.

Assim, para meditar com completa atenção, deve-se preparar o instrumento. Não estamos em condições agora de decidir que tipo de meditação é possível ou quando o instrumento está na condição correta, mas saberemos quando chegarmos a esse ponto.
(*The Theosophist*, dezembro de 1989, edição do Centenário de N. Sri Ram)

Senda

Há muitas coisas nos livros teosóficos e também nos antigos livros hindus e budistas referentes ao que é chamado de "A Senda". Frequentemente as pessoas pensam na Senda em termos de palavras, de estágios, de posições a serem alcançadas, de degraus de progresso. Pensamentos assim afastam a pessoa totalmente da realidade do que a palavra "Senda" significa.

A Senda é vida. Não existe senda estendida, não existe estrada. É um modo de vida. Se você vive uma certa vida, você está trilhando a Senda. E não há outra maneira. Que tipo de vida? Resumindo, poderíamos dizer: trilhando o caminho do Espírito.

O termo indiano *brahmacharya* veio a significar "viver uma vida de castidade". O jovem em quem, se supõe, o germe espiritual venha a redespertar, é condenado a viver uma vida que seja totalmente casta, em pensamento, em ação, etc. Mas o significado literal e verdadeiro da palavra é mais profundo. *Brahman* é o Eterno, e *charya* significa trilhar a senda do Eterno. O Eterno é Um, e a Senda, portanto, não segue ao longo de diversos caminhos que nos afastam do centro das coisas, mas sim um caminho de luz que irradia a partir do interior. Esse é o real significado da palavra sânscrita. Envolve a totalidade da vontade pessoal, não meramente fazer certas coisas, e quanto ao restante prosseguir como se tem feito o tempo todo. É trazer a totalidade do ser pessoal, todos os aspectos de si próprio, para um único lugar, para que tudo vibre segundo seu próprio ritmo, atingindo uma perfeita atuação como ser humano total.

Assim, o caminho não é para ser trilhado com

uma porção de si mesmo. Geralmente, quando pensamos certas coisas, agimos somente com uma parte de nós mesmos. A mente está pensando por nós: nós tomamos decisões; planejamos um esquema. Mas há toda uma área de nosso ser que está separada desses pensamentos. Assim, eventualmente, estes pensamentos não vão a lugar algum; simplesmente evaporam; e começamos a ter outros pensamentos, porque a totalidade do ser não penetrou esta determinação ou plano. Você pensa: amanhã vou ser muito agradável. Talvez você seja, ou as circunstâncias podem provocar o pior lado de sua natureza. Esse tipo superficial de determinação não é muito útil. Você tem de sentir que é a coisa certa a fazer com a totalidade de seu ser, tal como quando sente que não consegue falar a respeito, ou dizer a outra pessoa: "Eu fiz um voto". *Luz no Caminho* diz que o caminho não deve ser buscado por nenhuma estrada. "Toda a natureza do homem deve ser usada com sabedoria por aquele que deseja entrar o caminho".

Podemos perguntar: Por que o uso da palavra "Senda", se é um modo de vida? Mas a palavra "Senda" tem certas implicações. Indica um objetivo ou meta que não é possível entendermos no nosso estágio. Assim, entendemos apenas a meta, o ponto a ser alcançado, somente em termos gerais. Nos países budistas, fala-se de *Nirvāna* como a meta, mas a palavra *Nirvāna* nada descreve literalmente. Significa apenas a extinção da vida pessoal, todos os atributos de existência pessoal. É uma definição negativa, e o que quer que se tenha dito de positivo sobre a natureza de *Nirvāna* tem sido dito por pessoas que não conhecendo o *Nirvāna* tentam contudo entender o que pode ser. O Senhor Buda sabia o que era o *Nirvāna*, mas declinava de falar a respeito ou descrevê-lo em termos positivos. Mas pode-se pensar a respeito num certo sentido, como uma direção a ser seguida. Isso é possível.

A palavra "Senda" implica isto, e também que outros vêm com você. É algo que existe em si mesmo, por si mesmo, e que também está aberto a muitos outros. O Senhor Buda chamava a si mesmo por um termo que significava "Aquele que seguiu o caminho de seus predecessores". Ou seja, existe um caminho ao longo do qual todos têm de seguir.

Alguns poderiam dizer: Pode haver apenas um caminho? As pessoas são diferentes; deve haver muitos caminhos para satisfazer muitos temperamentos. Mas há, digamos, uma direção assinalada, uma direção que, se seguida, irá levar-nos ao oceano no qual o rio de nossa vida finalmente termina. Poderíamos dar a isto o nome de *moksha* ou libertação, se quisermos, desde que entendamos do que devemos ser libertos.

Muitas vezes a própria palavra impede-nos de sentir o significado que contém, ou melhor, age como um tipo de tela que não nos permite tocar a realidade da qual ela é um símbolo. Se há num templo uma imagem, ela é um símbolo. Mas se simplesmente adoramos a imagem, sem qualquer senso ou pensamento na realidade, na deidade da qual a imagem é um símbolo, então estamos meramente adorando o véu, o qual não nos permite entrar em contato com a realidade. E toda palavra é um símbolo. Assim, quanto mais livremente usarmos uma palavra, mais aptos estaremos a ignorar o significado.

Devemos ter sempre em mente que a meta existe na própria natureza das coisas. Não é questão de alguns livros dizerem algo; mas ela existe na natureza do Universo e do ser humano. Se você compreende isso, trilhar a Senda não é algo artificial; é apenas ser você mesmo. Atualmente agimos conforme aprendemos do mundo, de várias pessoas. Mas chega o momento quando descartamos todos estes ensinamentos do mundo. Aí estamos prontos para aprender do Eu ou princípio mais recôndito dentro de nós mesmos.

A Senda é verdadeiramente a direção do natural desabrochar do ser humano. O que é natural depende do que o ser humano de fato é, como ele está constituído. Esta é a razão para o estudo dos princípios do ser humano, obter uma certa compreensão do que ele realmente é, para que possamos não apenas repousar sobre a aparência de como ele se comporta e age, mas, por trás da aparência, possamos ver algo da realidade.

Precisamos saber também que o processo está ocorrendo na Natureza. Na Natureza nada está parado; tudo está envolvido em mudança. Mesmo que você olhe, digamos, para um diamante, há um processo de mudança nesse diamante. Pode ser extremamente lento. Se você pensar em outras coisas, tudo está sofrendo mudança, e esta mudança é de uma natureza muito definida. Assim, entender o processo que está ocorrendo em si é de grande valor, porque quando conhecemos a natureza da direção, sabemos o caminho a seguir. A reencarnação é parte deste processo. É um mergulho e depois a libertação das condições nas quais a vida ou o ego particular penetra. Vemos então a reação entre a própria pessoa e seu ambiente. Isso também é parte do processo multiforme. Ocorre em diferentes níveis, físico, mental – em todos os níveis.

Se você consegue vê-la com clareza, saberá como a verdadeira natureza do ser humano está sobrecarregada de várias impressões, como várias tendências crescem nele, tal como muitas ervas daninhas num jardim.

O que o ser humano é em sua natureza mais recôndita, o Fragmento Divino, é de suprema importância; é a suprema questão. Mesmo agora podemos conhecer suficientemente a respeito do ser humano para entender que ele ou ela é um ser espiritual, o que é um princípio básico de nossos ensinamentos. É algo mais do que seres humanos. O ser humano pode pensar que é um tal ser, mas é algo mais do que isso. E essa é a parte essencial de sua natureza; é isso que queremos dizer quando o chamamos de ser espiritual. Você pode dizer: "Sim, eu sei. Li em vários livros". Mas apenas ler que o ser humano é um ser espiritual não tem utilidade. Você realmente sabe que ele é um ser espiritual?

Você compreende a verdade dessa afirmação por si mesmo? É algo genuíno? Existe um sentimento dentro de você de que ele é mais do que apenas um ser humano, que ele é mais profundo, mais maravilhoso, mais belo do que o ser humano? Se assim for, você sentiu aquela outra natureza, mais ampla. Caso contrário, você ainda está nos confins do ser humano.

Temos de entender que existe o mundo do espírito, mas infelizmente nós não compreendemos isso, vivemos dentro de certas muralhas de limitações. Não compreendemos que fora destas limitações há uma vida mais ampla. O que significa a palavra "espiritual"? Isto é algo sobre o qual se deve meditar, e só é possível descobri-lo no interior daquelas profundezas dentro de nós, e num estado no qual essas profundezas não estejam completamente fechadas à nossa experiência. Digamos que num determinado momento você está terrivelmente agitado, engajado numa discussão ou batendo com as mãos contra a parede. Então você está cercado por uma nuvem densa. Se nesse momento você quiser descobrir o que é espiritual, como poderá? Não conseguirá. Para atingir tal conhecimento, a profundeza não mais deve estar separada da superfície. Você deve torná-la absolutamente clara como a água que é transparente, totalmente tranquila, para que consiga ver até o fundo. Somente quando estamos totalmente livres de qualquer agitação é que conseguimos conhecer o que está na profundeza de nosso ser.

Esta natureza mais recôndita, o Espírito, está cercado por outra natureza, vestes (*koshas*) ou envoltórios. Mas o Espírito ou *Ātmā* consegue imprimir sua natureza ou qualidade à inteligência da natureza em desenvolvimento. Este é o conceito em Teosofia, e é tremendamente esclarecedor. A natureza espiritual, envolta por outra natureza, é o ser humano individual. Embora ela esteja coberta, pode haver uma mudança, ou seja, a inteligência ou a natureza intelectual do ser humano é capaz de ser transformada à semelhança do Espírito, sendo assimilada à sua natureza e tornando-se uma entidade espiritual. Esta mudança, a compreensão desta possibilidade, é o trilhar a Senda. Ou seja, a mente, todo o modo pessoal de pensar, tem de ser transformado para que, em vez de ser uma criatura de muitos interesses que separa o indivíduo da unidade, torne-se um tipo diferente de mente.

Pois bem, esta é uma transformação que envolve todos os níveis do ser, porque o intelecto ou inteligência está ligado a todos os diferentes aspectos do ser. É o fulcro em torno do qual tudo gira. Tal como é a mente, assim será o indivíduo. Tal como é o indivíduo, assim será a aparência, a atitude e o objetivo. Tudo, por assim dizer, é governado pela mente e pelo modo como ela evolui, de modo que tudo que é finalmente moldado será uma forma que expresse a unidade e a beleza do inquilino duradouro.

O ser humano é essencialmente a mente. Alguém pode perguntar: O ser humano tem essencialmente uma natureza espiritual ou é ele essencialmente uma mente? A palavra "ser humano", se você a associa ao estágio humano de evolução, é o instrumento do Espírito. Mas no estágio humano, ele se separa e age de modo independente. Assim, a mente deve ser afastada das direções que ela até agora tem buscado. Isto é a Senda. A direção é o caminho do Espírito, o caminho que é indicado pelo que vem do interior do ser. Não se pode dizer o que é essa direção, mas pode-se dizer o que ela não é. Assim, quando você se afasta da direção errada, você automaticamente se move ao longo da direção certa.

Pois bem, as direções nas quais temos prosseguido até aqui são as direções de nossos desejos. E temos de nos afastar deles. Não existe compulsão. Qualquer um pode experimentar tanto quanto queira segundo sua vontade. A Natureza dá a cada um a mais comprida das cordas longas. Ele pode beber até o fim da xícara da fama, do divertimento, da posição e da riqueza. Tudo é muito tentador. Somente através da experiência é que o ser humano consegue entender a importância dessa experiência, o quanto ela vale. Dessa maneira, tudo isso é necessário. Mas está na natureza das coisas que você se cansa de todas elas, de qualquer coisa a que esteja apegado, cada sensação, divertimento; tudo se debilita com o tempo. Há uma sensação que é experimentada. Você se apega a ela. Você a busca e a desfruta. Mas depois há uma repulsão, ela enoja, torna-se insossa. Se você a busca ainda mais, a coisa torna-se até mesmo menos atrativa, até que finalmente você percebe que está seguindo a mesma rota cansativa, insossa e desgastada. Você nunca chega a lugar algum; você apenas continua como que rolando uma tora morro acima.

Isso tem de ser uma questão de experiência. Você aprende muito lentamente, a experiência é um processo que demanda muito tempo. Mas há a inteligência do ser humano que cada vez mais entra em cena e que lhe permite descartar rapidamente certas coisas, ver qual é o caminho para ele. É o uso deste discernimento, desta inteligência, que filtra a experiência, que é o trilhar a Senda. O primeiro passo na Senda é discernimento. Este discernimento pode ocorrer consciente ou inconscientemente. Você evita certas coisas porque perdeu o gosto por elas. Por conseguinte, você se move ao longo de uma certa Senda, viajando ao longo de sua própria trajetória natural porque você é levado ao longo dessa Senda por sua gravitação em direção ao centro de sua natureza.

6

Sri Ram por Ele Mesmo

O texto a seguir foi publicado em *The Theosophist*, edição do Centenário de N. Sri Ram, dezembro de 1989, pp. 104-110.

[Em março de 1973, em nome do Nehru Memorial Museum and Library, foram feitas várias entrevistas com N. Sri Ram para obter tanto material quanto possível em primeira mão sobre Annie Besant, de um dos seus colegas vivos mais próximos. Condizentes com esta edição de centenário estão trechos das transcrições feitas anteriormente, lançando um pouco de luz sobre o próprio entrevistado].

Pergunta: Senhor Sri Ram, poderia começar esta entrevista com o relato de sua infância e das influências que recebeu, tanto políticas quanto sociais?

NSR: Estudei no Madras Presidency College a partir de 1904, por cerca de cinco ou seis anos, e depois fui professor durante alguns anos em diferentes escolas teosóficas. Lembro-me particularmente do ano em que fui professor em Madanapalle, que era um local muito agradável e fresco, e que foi o primeiro emprego que tive depois de me formar na faculdade. Fui professor lá por apenas um ano, e depois me mudei para um Ginásio semelhante na cidade de Bangalore, em 1917; posteriormente me mudei de novo para a National High School em Madras, que desde então se tornou a *Rishi* Valley School, no distrito de Chittoor.

Após estes poucos anos como professor, ofereceram-me um posto no jornal da Dra. Annie Besant, o *New India*. Contribuía com o jornal ocasionalmente e também a conheci. Assim, em 1919, tornei-me membro da equipe editorial da Dra. Annie Besant. O Sr. Shiva Rao também trabalhou comigo na época, mas depois eu tive de ir para outros lugares, e durante um ano fui editor-assistente do *The Leader*, um jornal bastante conhecido em Allahabad. Foi durante este período que o Sr. C.Y. Chintamani foi ministro em Lucknow. Ele era o editor, mas o posto ficou vago, e então um cavalheiro de nome Krishna Ram Mehta tornou-se o editor. Eu fui um dos editores assistentes do *The Leader*. Mas durante os anos em que fui jornalista, costumava escrever sobre todos os tópicos e questões. A política da Dra. Annie Besant era que o jornal deveria expressar sua opinião destemidamente sobre todas as questões, e não esperar descobrir como o vento soprava, isto é, descobrir o que os outros diziam e depois tentar acompanhá-los. Não era esta a sua política. Ela acreditava que seu jornal deveria liderar, deveria moldar a opinião pública, e não segui-la. Sendo esta a regra no jornal, eu tinha que escrever dando pouca importância às muitas das questões importantes do dia. Era o período das reformas de Montagu-Chelmsford. O Sr. Chelmsford era vice-rei da Índia então e, pouco depois, *Lord* Reading. Sendo assim, lembro-me daqueles dias, mas depois me envolvi cada vez mais no trabalho teosófico.

Tornei-me um teósofo em 1908 e tive o grande privilégio de me tornar membro da Sociedade através da própria Dra. Annie Besant. Já faz muito tempo. Assim, sou membro e trabalhador da Sociedade por cerca de sessenta e quatro anos, e por acaso sou no momento presidente da Sociedade Teosófica.

Pergunta: O senhor poderia nos dizer como teve o primeiro contato com a Teosofia?

NSR: Meu pai era um teósofo ardoroso. Assim, costumava haver livros teosóficos em casa, e mesmo quando era estudante, eu tinha interesse nesses livros. Eu os achava de grande interesse, tanto que às vezes negligenciava meus estudos no colégio para lê-los. Mas, afora isso, meu pai era um grande admirador e seguidor da Dra. Annie Besant, e eu também me tornei admirador dela. A primeira vez que a vi foi em dezembro de 1900, quando ela proferiu uma série de palestras no salão principal em Adyar. Eu era um dos presentes às suas palestras. As palestras eram abertas ao público, mas ao redor de Adyar a população era pequena. Era um lugar retirado; o local onde ficava o terreno da Sociedade Teosófica na época parecia um *ashram*, e não havia transporte de Madras, a não ser pequenas carretas ou *jutkas*, que é uma carroça puxada por um único cavalo, mas as pessoas costumavam vir caminhando da cidade, seis ou mesmo oito quilômetros, para ouvi-la. Naquela época, ela estava com cerca de cinquenta e três anos, tinha a aparência de um asceta com cabelos grisalhos, com vestidos longos, que geralmente usava para ocasiões públicas. Comumente, ela vestia um sári indiano e tinha uma bela voz, com um grande poder de transmissão. Ela conseguia manter a plateia fascinada com seu encanto, com o magnetismo de sua personalidade e com sua oratória. Assistir a uma de suas palestras era uma experiência profundamente espiritual. Seus gestos eram dramáticos, mas não eram estudados, vinham a ela naturalmente. Sua fala era intelectual, longe de ser política, e carregada de emoção. Naquela época ela costumava falar com frases longas, que fluíam, e sempre que falava da Índia antiga e dos antigos *Rishis*, o que dizia criava uma vibração que a plateia parecia lembrar durante longo tempo.

Eu era um menino na época e estava lá presente com meu pai. Provavelmente eu pouco entendia do que era dito, mas apesar disso, abeberava-me da cena e da atmosfera. Encontrei a Sra. Annie Besant várias vezes depois, e dessa maneira mantive contato com ela e com tudo que ela fazia. Costumava ler seus livros com avidez, e sempre fui um grande admirador seu, mais do que admirador, alguém que a considerava com grande reverência e como uma fonte de inspiração e uma natureza inesquecível.

Pergunta: O senhor poderia gentilmente nos dar um esboço de seu pai, como ele entrou em contato com a Teosofia?

NSR: Meu pai era um estudioso de sânscrito. Seu temperamento era religioso. Por vocação secular era engenheiro. Trabalhava no Departamento de Obras Públicas. E acredito que se tornou teósofo em 1883, ou mais ou menos por aí. Naquela época, os fundadores da Sociedade Teosófica, a Senhora Blavatsky e o Cel. Olcott, tinham chegado à Índia e estavam proferindo palestras em diferentes partes do país. Ele disse que não foi a nenhuma de suas palestras, e lastimava por não se ter dado ao trabalho de assistir a uma dessas palestras. Mas meu pai tinha a maior reverência pela Senhora Blavatsky. Ele era estudioso de sua obra monumental, *A Doutrina Secreta*, e era tão ardoroso em sua fé e convicções, que acredito que toda a família mais ou menos compartilhava de seus sentimentos com relação à Senhora Blavatsky, ao Cel. Olcott, a Annie Besant, a C.W Leadbeater e a outros líderes teosóficos.

Pergunta: Sua mãe também aderiu à Teosofia?

NSR: Sim, minha mãe também era teósofa, muito dedicada. Ela ainda é viva.

Pergunta: O senhor lembra de algum incidente público enquanto esteve na faculdade?

NSR: Naquela época não havia tanto chamado para a vida pública quanto nos dias de hoje. Só ocasionalmente alguém de renome vinha a Madras, e então as pessoas acorriam aos encontros. Lembro-me de inúmeras palestras que foram ministradas pelo Sr. Bipin Chandra Pal, que depois se tornou bastante famoso no cenário político indiano. Ele ministrava as palestras na praia, perto de Triplicane. Eu costumava participar. Ele tinha uma voz que conseguia, por assim dizer, elevar-se acima do ruído das ondas. Ele conseguia fazer-se ouvir numa plateia de quatrocentas ou quinhentas pessoas. Este é o cenário de que eu me lembro. Acredito que foi por volta de 1907.

Pergunta: O senhor foi, de alguma maneira, influenciado pela ideologia política de Chandra Pal?

NSR: Não, não fui influenciado por ele, afora o fato de que eu me lembro de que ele falava de *swarāj* [autogoverno] como um *mantra,* e tinha um forte sotaque bengali. Sendo jovem, eu observava mais os traços superficiais do que o conteúdo do que ele dizia.

Pergunta: Antes de ser aprovado na Pós-Graduação e se tornar professor, durante aquele período, de quando entrou na faculdade e saiu, o senhor lembra-se de alguns livros que moldaram suas ideias, pontos de vista e caráter?

NSR: Eu era um estudante pouco aplicado e ficava no fundo da sala, distraído, costumava ler quaisquer livros que encontrasse em vez dos livros prescritos para nossos estudos na faculdade. Assim, jamais me dei bem nos exames, e apenas passava raspando.

Pergunta: Não, os livros em geral.

NSR: Costumava ler livros teosóficos e outros que

estavam na moda na época, como *Confessions of an English Opium Eater*, de Quincey, *The Life of Napoleon*, livros desse tipo.

Pergunta: E da literatura teosófica, que livro mais o influenciou?

NSR: Eu li inúmeros livros. Não consigo especificar um que me tenha causado uma impressão mais profunda. Lembro-me de ler com muito interesse *A Sabedoria Antiga*[12], da Dra. Annie Besant, mas também tinha grande interesse pelos livros de C.W. Leadbeater, que detalhavam suas investigações clarividentes. Quando era estudante, costumava ler artigos escritos por ele e também pela Dra. Annie Besant publicados em *The Theosophist*. Isso foi há muito tempo, há sessenta e quatro anos, mas quando me tornei rapaz era profundamente interessado em ideias teosóficas.

Pergunta: Que jornais o senhor lia?

NSR: Naquela época havia poucos jornais. Havia *The Hindu* em Madras, havia *The Mail*, e acredito que havia um jornal chamado *The Madras Standard*, em 1914, e que passou a se chamar *New India*. Como eu estava trabalhando no *New India*, costumava ler os jornais de todas as partes do país, *The Englishman* e *The Statesman* de Calcutá; o periódico chamado *Janmabhumi*, editado por Pattabhi Sitaramayya de Masulipatnam, e depois um jornal de Bombaim, *The Bombay Chronicle*, editado pelo Sr. B.G. Horniman, etc., etc. Aliás, todos os jornais de todas as partes da

[12]Editora Teosófica: Brasília, 2004. (N. E.)

Índia vinham para o escritório no qual eu trabalhava, e eu tinha de folhear todos eles para selecionar artigos sobre os quais pudesse comentar.

Pergunta: Quais eram suas inclinações políticas naquela época, digamos, após o início da Primeira Guerra Mundial?

NSR: Eu era totalmente favorável à libertação da Índia. Não era a favor de quaisquer métodos que resultassem em violência. Era a favor do que era chamado na época agitação constitucional. A Dra. Annie Besant tinha sido uma figura pública e trabalhadora ativa para as causas política e social na Inglaterra, antes de vir para cá. Ela conhecia o público inglês. Ela acreditava firmemente que quando a questão da Índia fosse colocada perante aquele público, então a Índia poderia obter a libertação sem recorrer à violência, que verdadeiramente foi o que ocorreu. Foi quando o Partido dos Trabalhadores subiu ao poder sob a direção do Sr. Atlee, depois *Lord* Atlee, que a Índia obteve sua libertação, e a obteve de modo bastante fácil. Certamente, as pessoas dizem que foi nossa desobediência civil e todos os problemas que criamos na Índia que fizeram com que os ingleses se retirassem deste país. Pode haver alguma verdade nisso, mas então os ingleses poderiam ter continuado tentando agarrar-se ao poder, tornando as coisas difíceis para o povo indiano. Suponhamos que em vez da Inglaterra, a Alemanha assumisse o poder na Índia; é muito fácil imaginar que eles não teriam desistido tão facilmente.

Até mesmo a França entrou em guerra com a Argélia. Ela manteve suas posições na Argélia até o fim, e isso resultou em grande sofrimento e violência. Mas embora houvesse distúrbios e dificuldades sob o domínio inglês, havia um certo sentimento entre os ingleses de que não levariam as coisas ao extremo, e não queriam incorrer no ódio de subjugar a Índia com um banho de sangue.

Pergunta: Sua oposição à violência e sua insistência a respeito disso nos meios constitucionais estavam baseadas na conveniência de que a violência não era algo proveitoso, ou havia outras considerações morais e éticas contrárias?

NSR: Principalmente morais e éticas. Oponho-me à violência porque sinto que o que é alcançado por meio da violência pode ser desfeito, e talvez mais cedo ou mais tarde será desfeito através da violência. A força jamais convence as pessoas. Aquilo de que são forçados a abrir mão, tentarão recuperar de uma maneira ou de outra, mas eu acredito na importância da paz e da retidão, na reta conduta, nos retos meios e assim por diante, que são o suporte da minha atitude a todas as coisas que estavam acontecendo então.

Pergunta: Senhor Sri Ram, o que havia na mente da Dra. Besant quando ela declarou Krishnamurti como o próximo Instrutor?

NSR: A Sra. Annie Besant acreditava que estava em contato com certos Grandes Seres a quem os hindus chamam de *Rishis* ou *Mahatmas*, isto é, *Jivanmuktas*, seres libertos. Ela aceitou a ideia da Senhora

Blavatsky quando ingressou na Sociedade Teosófica em 1889. E a Sra. Besant praticava certas formas de meditação e seguia um autotreinamento rigoroso. Dessa maneira ela entrou, internamente, não externa e fisicamente, em contato com mais de um desses *Rishis* ou *Mahatmas*. Os nomes deles são mencionados nos livros teosóficos. São geralmente referidos por suas iniciais: Mahatma M. e Mahatma K.H. Como ela estava em contato com esses seres, ela recebia certas instruções deles. Acredito que chegou a acreditar, através deste contato, que o mundo estava num estágio crítico, e que o Instrutor do Mundo, que também é um dos grandes seres chamados pelos budistas o *Bodhisattva*, provavelmente assumiria uma forma física para auxiliar a humanidade através desta crise. Ela acreditava que se o Sr. Krishnamurti crescesse e provasse ser digno, ele poderia, por assim dizer, ligar-se à consciência do grande Instrutor do Mundo.

Desse modo, ela acreditava que Krishnamurti tinha uma grande missão a cumprir. Isso foi por volta de 1909, quando o Sr. Krishnamurti tinha apenas quatorze anos, mas tanto o Sr. Leadbeater quanto a Dra. Annie Besant, que estavam em contato com esses *Mahatmas*, acreditavam que Krishnamurti provavelmente cresceria para ser um canal do ensinamento do supremo Instrutor do Mundo, que, como eu disse, era um dos seres libertos, e foi essa a razão por que ela pediu ao pai dele sua guarda. O pai dele era teósofo. Ela falou ao pai a respeito do possível destino de seu filho, e o pai alegremente cedeu a ela a guarda de Krishnamurti. O pai dele vivia em circunstâncias de pobreza. Ela poderia dar ao filho muitas oportunidades que ele não poderia. Ela queria que Krishnamurti fosse muito bem-educado, perfeitamente saudável, bem-desenvolvido fisicamente, que tivesse uma boa educação, não na Índia, mas talvez em Oxford ou em locais como esse, e de toda maneira ajudou a cumprir sua missão, e foi essa a razão que fez com que ela tomasse a guarda do Sr. Krishnamurti. Eu mesmo estava em Adyar na época. Lembro-me de vê-lo como um menino em 1910, caminhando nos terrenos de Adyar juntamente com seu irmão mais novo, Nityananda, que faleceu pouco depois.

Pergunta: O senhor também via Krishnamurti como uma promessa na época?

NSR: Era difícil para qualquer um ver o tipo de promessa, talvez, que se podia esperar. Ele não era academicamente brilhante na época. Era sonhador e místico. Não estava particularmente interessado nos estudos. Ele não ia bem nos estudos, era um menino comparativamente pequeno, uma criança. Assim, é tanto mais surpreendente que o Sr. Leadbeater e a Dra. Annie Besant tivessem visto algo de extraordinário nele quando ninguém mais conseguia ver nada desse tipo.

Pergunta: Como ela veio a saber que Krishnamurti era o menino que poderia ser o libertador do mundo? Foram os *Mahatmas*, com quem ela estava em contato, que lhe contaram?

NSR: Possivelmente eles lhe disseram, mas tanto ela quanto o Sr. Leadbeater alegavam ter certos poderes clarividentes por meio dos quais conseguiam ver a natureza interior de Krishnamurti, mesmo enquanto ele era um menino. Eles conseguiam ver algo, um tipo de luz muito clara e bela, com muitas cores ao redor dele. Tudo isso seria muito difícil para uma pessoa com a mente materialista compreender. Mas tanto ela quanto o Sr. Leadbeater conseguiam ver algo ao redor dele. Eles nada diziam a respeito de seu irmão mais jovem, que era muito mais esperto, mais inteligente, ia melhor nos estudos e que geralmente impressionava as pessoas muito mais do que o Sr. Krishnamurti. É notável como o Sr. Krishnamurti, tendo sido um menino assim, muito distraído – ele não parecia viver neste mundo – cresceu e se tornou o brilhante pensador que é atualmente.

Pergunta: Muitos anos se passaram desde 1912. Agora, remontando ao passado, o senhor acredita, com todo o conhecimento das pessoas envolvidas e da própria Teosofia, que a leitura da Dra. Besant a respeito de Krishnamurti estava certa?

NSR: É difícil para mim fazer qualquer tipo de pronunciamento sobre esta questão. Sem dúvida, o Sr. Krishnamurti é uma pessoa notável, com uma perspectiva espiritual elevada. Ele tem um temperamento e uma atitude com relação à vida que só se encontra em muito poucas pessoas. Ele é realmente uma pessoa muito altruísta. Portanto, não me surpreendo que ela tenha visto nele a promessa de um grande Instrutor espiritual, mas se ela estava certa em seu ponto de vista de que o grande Instrutor do Mundo (conhecido como o *Bodhisattva* pelos budistas, e por outros termos entre os hindus) usaria o Sr. Krishnamurti como um canal ou instrumento, não estou em condição de expressar qualquer opinião. Essas são águas profundas demais para mim. Pode ser que ela tivesse indicações daquelas fontes, a quem ela considerava com tanta reverência, que tal coisa iria acontecer; ou eles poderiam ter dito que poderia acontecer, e que em determinadas contingências deveria haver certas qualificações no que foi dito a ela. Portanto, não estou em condição de dizer se ela estava certa ou errada, mas pode-se ver que ela estava perfeitamente certa em ver nele certas qualidades que são notáveis a qualquer observador imparcial dos dias de hoje. Ele é não apenas um pensador brilhante, mas alguém que é maravilhosamente espiritual e puro em sua perspectiva. Ele não tem qualquer tipo de ambição mundana, não tem autoimportância, presunção, qualidades que não se encontram nas pessoas em geral.

Pergunta: Gandhiji alguma vez visitou a Sociedade Teosófica em Adyar?

NSR: Lembro-me de ele ter visitado a Sociedade em Adyar. Em 1916 ele foi convidado a vir aqui pela Dra. Annie Besant. Permaneceu por alguns dias. Se me lembro bem, ele permaneceu na casa de hóspedes, que fica a oeste deste prédio particular; mas, posteriormente, ele deve ter vindo, mas não tenho conhecimento pessoal disso. Eu o encontrei novamente em 1919, quando ele visitou a National High School onde, na época, eu era diretor-assistente. Ele fez uma visita à escola, e eu lhe mostrei as salas de aula.

Pergunta: Que impressão ele lhe causou?

NSR: Uma impressão muito boa: eu gostei dele.

Pergunta: Ele demonstrou interesse na sua escola?

NSR: Sim, ele foi muito agradável, gentil para com os meninos, e foi de sala em sala. Todos se levantavam; diziam-lhe *Namaste*, etc.

Pergunta: Bem, o senhor falou a respeito de seus encontros com Gandhi, poderia também falar sobre alguns outros encontros com ele?

NSR: Eu não tive contato próximo com ele, embora seguisse as coisas que ele fazia e os discursos que proferia. Eu o encontrei muito depois. Visitei-o quando retornou de Trivandrum no Estado de Kerala, após sua campanha contra a intocabilidade naquele estado. Ele estava hospedado com o Sr. Rangaswami Ayyangar, então editor do *The Hindu*. Eu o visitei juntamente com o Sr. Jamnadas Dwarkadas, que era um dedicado seguidor de Gandhiji, e também e ao mesmo tempo um seguidor da Dra. Annie Besant. Ele tinha escrito a respeito de ambos em seu livro recém-publicado.

Pergunta: O senhor lembra as conversas que teve com Gandhiji na casa do Sr. Rangaswami? O que discutiram?

NSR: Conversamos a respeito de sua visita a Kerala, sobre como ia a campanha, etc. E depois eu o vi novamente em 1945, logo após o falecimento do Dr. Arundale. Eu o visitei juntamente com Rukmini Devi, minha irmã. Na época, ele estava, acredito, no acampamento do Congresso [Congresso Nacional Indiano, hoje um partido político, N.T.] aqui. O Congresso ia ser realizado em Madras, e fomos lá visitá-lo; ele conversou conosco pessoalmente, e perguntou, "Qual é o seu nome?", e eu lhe disse meu nome. Ele disse, "Você tem um nome bonito". Eu me lembro desta afirmação particular porque você sabe que ele costumava recitar louvores a Rāma, Rāmdhun, como ele chamava: oração a Rāma. Por isso ele gostou do meu nome.

7

Recordando um Verdadeiro Teósofo

"Qual é o sinal daquele que tem mente estável, firme na contemplação, ó Keshava? Como fala aquele que tem mente estável, como senta, como caminha?" Assim perguntou Arjuna a Sri Krishna na *Bhagavad-Gitā* (II.54)[13]

Lembrar Sri Ram e sua vida é talvez fazer uma pergunta semelhante. Ele deixou impressões profundas e duradouras naqueles que o conheceram ou que com ele trabalharam, e porque as suas impressões eram tão coerentes e convincentes, pareciam indicar que a sua fonte era alguém que se estabelecera na verdade de seu próprio Ser ou Espírito.

A seguir estão algumas das impressões que Sri Ram deixou nos corações e nas mentes de muitos indivíduos que o conheceram durante suas viagens para proferir palestras, o seu trabalho no escritório e sua vida diária. Ele era um verdadeiro teósofo, alguém

[13]Editora Teosófica: Brasília, 2010. (N. E.)

que buscava a Sabedoria – e a encontrou – apenas para beneficiar seus semelhantes e toda a vida. As belas palavras em *Aos Pés do Mestre*[14] transmitem algo que muitos sentiam plenamente manifestado na vida de Sri Ram:

> Aquele que está na Senda
> não existe para si mesmo,
> mas para os outros;
>
> Esqueceu a si próprio,
> a fim de poder servi-los.
> Ele é como uma pena
> na mão de Deus,
> através da qual
> seu pensamento pode fluir
> e encontrar uma expressão
> aqui embaixo que,
> sem a pena,
> não poderia ter.
>
> É, ao mesmo tempo,
> como uma vívida pluma de fogo,
> irradiando sobre o mundo
> o Amor Divino
> que enche seu coração.

Joy Mills foi ex-presidente tanto da Seção Americana quanto da Australiana da Sociedade Teosófica e sua ex-vice-presidente internacional. Durante muitos anos ela foi também diretora da Escola de Teosofia

---

[14] KRISHNAMURTI, J. Brasília: Editora Teosófica, 1999. (N. E.)

de Krotona em Ojai, Califórnia, onde vivia. Ela ministrou palestras extensivamente para a Sociedade em muitos países por mais de sessenta anos e é autora de inúmeros livros. Ela escreveu a seguinte recordação a respeito de Sri Ram:

Gentil e Oh! Tão Sábio

(Uma Recordação Pessoal)

A visita de N. Sri Ram à Seção Americana foi em 1948. Tínhamos notícias de seus muitos serviços à Sociedade, em inúmeros cargos em Adyar; um ou dois de nosso quadro de pessoal que estiveram em Adyar relataram histórias pessoais do encontro que com ele tiveram. Mas para a maioria de nós, do quadro de pessoal de nossa Seção, ele era um desconhecido, e assim estávamos totalmente despreparados para a chegada de um dos 'convidados' mais modestos a adentrar o salão de recepção em 'Olcott'.

Os americanos são talvez mais conhecidos por seus cumprimentos barulhentos, pelos abraços fortes, por conversarem durante as refeições e por uma certa vivacidade juntamente com uma maneira muito informal (característica, assim aprendi, não muito diferente dos australianos!). Nossa primeira questão, de modo bastante natural, foi como nos dirigir ao Sr. Sri Ram, e eu ainda me lembro da tendência de alguns de nossos membros de chamá-lo 'Senhor Ram', usando na pronúncia um 'a' nasalado, típico do meio-oeste americano. Tudo isso aconteceu, apesar de uma carta que fora enviada a cada Loja, que ele deveria visitar durante seu *tour* de palestras na Seção, dando instruções específicas sobre a pronúncia e também o estilo geral a ser usado de como se dirigir a ele. Afinal de contas, tínhamos relativamente lidado com Jinarajadasa e alguns outros nomes indianos (ou cingaleses), inclusive Ravi Shankar, então muito popular nos Estados Unidos. Como uma das irmãs mais jovens, membro do quadro de pessoal de nossa Sede, achava-me bem preparada para receber este distinto visitante que vinha de Adyar (local que eu ansiava visitar algum dia) e que fora secretário pessoal de Annie Besant (certamente que eu conhecia muitas outras pessoas que a conheceram, mas ter sido secretário 'pessoal' de uma das pessoas cujos escritos tanto me tinham inspirado acima de todos os outros, reservava em relação ao Sr. Sri Ram uma ânsia enorme em cumprimentá-lo).

E assim ele chegou: sossegado, com uma inata dignidade interior, curvando-se levemente com as mãos postas no típico cumprimento indiano, à medida que era apresentado a cada um de nós. Ficamos tranquilizados pela sua presença. As palavras tornaram-se importantes, tanto que não as usávamos descuidadamente. E um sorriso evocava não apenas o deleite de humor, mas o calor da boa amizade. Um novo significado foi dado à amizade, pois logo descobrimos que não importa que nicho possamos ocupar no trabalho da Seção, por mais aparentemente insignificante que fosse nosso papel, Sri Ram estava interessado em nós como indivíduos.

Fomos avisados de que ele gostava de tomar o café da manhã cedo, e, portanto, foi feita uma escala de serviço daqueles que teriam o privilégio de lhe levar o café a cada dia. Um ou dois que o tinham conhecido em Adyar asseguravam ao restante de nós que sabiam exatamente como ele gostava do seu café: preto ou com leite, ou com leite e açúcar. Assim, dia após dia, em todo o período de nossa Escola de Verão, café sob várias formas e em todas as possíveis combinações de leite e açúcar foram levados a seu aposento. E a todos foi assegurado 'Sim, está ótimo; muito obrigado!' Felizmente, nas visitas subsequentes a Olcott, durante os anos de sua presidência, Sri Ram teve permissão de tomar sua própria decisão a respeito do café da manhã, mas naquela primeira visita estávamos determinados a lhe servir de acordo com o que cada um de nós, privilegiado o bastante para estar na escala de serviço, preferia por nós mesmos!

Então chegou o dia de ele deixar Olcott, já que tinha de empreender uma viagem longa pela Seção. Ele havia testemunhado a despedida de muitos membros que vieram para a Escola de Verão, e viu que as tradicionais despedidas eram acompanhadas de muitos abraços e até mesmo beijos. Eu ainda consigo ver Sri Ram tranquilamente de pé, de um lado do vestíbulo, observando a cena. Sorrindo e com uma tranquila palavra de despedida, ele juntava as mãos e curvava-se levemente. Em certo momento, eu estava de pé ao seu lado e ele sussurou para mim: 'Joy, espero não ser abraçado e beijado quando partir!' Eu lhe assegurei que não permitiria que ele fosse submetido a tal tortura!

Jamais alguém que tenha ouvido Sri Ram esqueceu a beleza de sua linguagem. Era sempre a palavra certa para expressar a profundeza de seu significado. Poucas pessoas têm a facilidade de falar com tanta exatidão no uso da língua inglesa. Em suas palestras, sempre nos transportava ao âmago de uma Teosofia viva. Suas respostas às perguntas eram também totalmente 'precisas', sem jamais 'falar pelos cotovelos', como muitos de nós temos a tendência de fazer. Uma resposta particular sobressai na minha memória: perguntaram a ele por que tantas vezes ele se expressava tal qual J. Krishnamurti, embora fosse mais fácil entendê-lo do que àquele. 'Se há verdade no que eu digo', disse ele, 'e se há verdade no que o Sr. Krishnamurti diz, então deve haver uma similaridade em nossas expressões dessa verdade'.

Poder-se-ia pensar que a gentileza na conduta de Sri Ram, sua aceitação do que quer que lhe fosse oferecido (café com leite ou preto!), sua aparente indiferença a conforto ou desconforto pessoal, já que suas viagens ao redor do mundo aumentavam ao longo dos anos, indicariam uma certa – como poderia chamar? – quase falta de preocupação pela exatidão dos afazeres administrativos. Mas não era esse o caso, certamente, e todos nós, que tivemos o privilégio de servir no Conselho Geral da Sociedade Teosófica, durante seu período como presidente, iremos lembrar a sutileza de sua mente ao lidar com os muitos e muitas vezes complicados problemas que surgiam no cenário internacional como também em Adyar. Além disso, a memória é rica na recordação de sua maneira habilidosa, embora sempre tranquila, de lidar com as questões que ocupavam a atenção do Conselho.

Reminiscências pessoais têm a tendência de focar sobre as experiências pessoais com outra pessoa, um tipo de atenção egocêntrica sobre si mesmo e não no outro. Houve muito poucas ocasiões na minha própria associação com Sri Ram em que ele se permitiu (se podemos falar assim) lembrar sua própria vida, mas duas dessas ocasiões se sobressaem. A primeira ocorreu durante uma visita muito depois a 'Olcott', quando o quadro de pessoal preferiu implorar-lhe para nos falar sobre sua juventude. Rimos muito quando ele nos disse que na sua juventude fora um rebelde contra os padrões de vida na Índia naquela época! Nós não conseguíamos imaginá-lo como rebelde, mas ele disse que a rebelião consistia em deixar o cabelo crescer. Como o que ele estava relatando das experiências de sua juventude ocorreu por volta dos anos da década de1960, ele pôde acrescentar, quanto aos rapazes do nosso quadro de pessoal que tinham cabelo comprido (o que era moda na época), que os compreendia bem em seu desejo de serem rebeldes!

A segunda ocasião foi novamente durante uma visita a 'Olcott', quando ele se recuperava de grave cirurgia e recebeu a notícia da morte de sua esposa. Na época, eu era presidente nacional da Seção Americana, e por isso tinha o costume de levar a cada dia sua correspondência, muitas vezes parando para lhe fazer uma pequena visita. Ele me pedia para lhe levar para um passeio de carro nas redondezas; eram tempos preciosos, quando conversávamos ou ficávamos em silêncio. Após o telefonema da Índia com a informação da morte de Bhagirathi, fui até seu aposento para ver se poderia ser útil de alguma maneira. Ele me pediu para que me sentasse e então disse, de modo saudoso, 'Se eu soubesse que Bhagirathi poderia morrer, não teria saído de Adyar para esta viagem'. Ele então começou a compartilhar recordações dos sessenta anos de casamento, falando como se num devaneio.

Gentil, e tão sábio, o Irmão Sri Ram tocou a vida de muitos de nós. Naquele primeiro encontro em 1948, até a última vez que o vi quando me despedi dele em Adyar, em janeiro de 1973, sem saber que poucos meses depois ele deixaria de lado o corpo frágil; eu sabia que minha própria vida, especialmente minha vida teosófica, fora enriquecida e inspirada de muitas maneiras que são difíceis de definir. Ele nos levou, acredito, de uma Teosofia estrutural básica (que poderia ser chamada de a estrutura básica de rondas e raças) para uma Teosofia de consciência, de experiência, dessa 'realidade viva' para a qual H. P. Blavatsky apontara na sua *Escada de Ouro* e em *A Voz do Silêncio*. Não que a estrutura não tivesse sua importância, pois as palestras e os escritos de Sri Ram abrangiam todo o campo de conceitos e princípios teosóficos, mas que, para sermos teósofos, devemos finalmente nos tornar conhecedores da Sabedoria. Em sua presença, sabíamos que estávamos face a face com um dos verdadeiros conhecedores.

Clara Codd foi, durante muitos anos, palestrante internacional da Sociedade Teosófica. Ela foi uma famosa escritora teosófica e secretária-geral tanto da Seção Australiana quanto da Sul-Africana da ST. Ela escreveu, em 1935, a respeito de Sri Ram e sua família:

> Eu o encontrei pela primeira vez há muitos anos em Adyar, e embora meu contato com ele não fosse frequente, eu jamais o esqueci. Ele é o irmão mais velho de Rukmini Devi, e pertence a uma família brâmane e teosófica bastante famosa. Uma de suas irmãs mais velha do que Rukmini, que é quase a mais jovem na grande família, é uma médica de renome. Ela se chama Sivakamu, e quando há muito tempo eu residi dois anos em Adyar, eu a via frequentemente. O Bispo Leadbeater gostava muito dela, e certo dia quando alguém fez uma observação sobre sua beleza e charme físicos, ele disse: 'Ah! Você deveria ver a aura dela!'. Preciso dizer-lhes algo a respeito da Sra. Sri Ram, Bhagirathi. Ela é tão bem-humorada e cheia de vida quanto o .

seu marido é doce e gentil. Ela é uma senhora ativa, que trabalha muito para uma creche infantil em Adyar. Há muito tempo, quando eu era ainda uma menina em Adyar, a Srta. Mary Neff e eu tentamos ensinar algumas senhoras indianas a jogar tênis. Devo dizer-lhes que Bhagirathi aprendeu como um patinho ao entrar na água, e já fazia voleios na primeira tentativa!

Eles têm uma filha pequena que é agora a principal discípula de Rukmini nas danças sagradas, com belos desempenhos que devem ser vistos para serem acreditados em toda sua extraordinária beleza e poder. Naquela rápida visita no retorno da Austrália, Sri Ram e sua esposa convidaram-me, com alguns outros secretários-gerais, para um jantar indiano. Como é de costume no jantar indiano, nossos hóspedes nos serviram, e nos pressionaram para que comêssemos mais da deliciosa refeição. 'Oh! Bhagirathi', disse eu, 'já não consigo comer mais nada!' E a pequena Radha, que então tinha cerca de dez ou doze anos, olhou para mim e disse: 'Mas não comemos tanto assim todos os dias'. 'Verdadeiramente espero que não, ou engordaríamos'.

Os trechos a seguir foram obtidos da edição de junho de 1973 de *The Theosophist* (edição Comemorativa de N. Sri Ram). L.H. Leslie-Smith, antigo cientista e eminente membro da Seção Inglesa da ST escreveu:

Após sua primeira eleição em 1953, o novo presi-

> dente emitiu uma mensagem a todos os membros dando seu parecer sobre as tarefas a ele atribuídas e sugerindo linhas de política para o futuro da Sociedade, encorajando uma atitude progressista, de mente aberta com relação à Teosofia e ao trabalho da S.T. A nota que ele então emitiu foi sustentada até o fim. Há um tema consistente e insistente que perpassa tudo que ele falou ou escreveu. A linha foi sempre positiva e dinâmica, mas totalmente sem fanfarra ou ostentação; e foi apresentada com eloquência persuasiva, jamais estabelecida de modo autoritário. Embora fosse diferente do que se passara anteriormente, contudo ele jamais expressou ou sugeriu crítica aos tempos prévios ou a qualquer um que o precedeu. Na verdade, ele foi cuidadoso em lembrar e aplaudir o trabalho esplêndido que eles tinham feito, e a dedicação deles à Teosofia como a compreendiam.

Mas ele captou outro aspecto do caráter de Sri Ram:

> Seu modo gentil e sua aparência física frágil podiam, no entanto, ser enganadores. Oculto sob eles havia uma firmeza, uma tenacidade de propósito e uma força interior que apareciam quando a ocasião exigia, para surpresa daqueles que julgavam apenas superficialmente pelas aparências.

O Dr. I. K. Taimni, notório escritor teosófico e íntimo colaborador de Sri Ram durante muitos anos, escreveu sobre as qualidades essenciais que este último era capaz de expressar naturalmente em vida:

Ele possuía qualidades que não são facilmente compreendidas e apreciadas pelas pessoas comuns. Quantas pessoas conseguem verdadeiramente apreciar qualidades como simplicidade de vida, humildade, paciência, consideração para com os sentimentos dos outros, total altruísmo, capacidade para trabalhar incógnito, incessantemente e de bom grado, para o bem dos outros e na promoção de uma grande causa? E contudo são estas as qualidades que constituem a verdadeira grandeza, encontradas em todos os grandes homens, e que qualificam o aspirante a trilhar aquela Senda de Santidade que leva à Iluminação.

Eu o conheci e convivemos próximos por quase trinta anos, e quanto mais o conhecia mais o admirava por estas qualidades extraordinárias que possuía em tão notável proporção. São estas qualidades que o tornavam estimado por aqueles que tinham o privilégio de trabalhar com ele ou de conhecê-lo mais de perto. Ele conseguia expressar os mais sublimes conceitos de religião e filosofia de modo claro e fácil, não apenas por causa de seu pensamento claro e de seu *insight* profundo, mas também porque tinha um grande domínio da língua inglesa e a capacidade de expressar suas ideias numa linguagem muito precisa e adequada.

Jamni Thadani, sua antiga secretária e membro antiga da S.T., relata algumas de suas experiências quando trabalhou para ele:

O irmão Sri Ram irradiava paz e serenidade. Em sua presença mesmo uma pessoa perturbada sentia-se acalmada. Logo que ele assumiu o cargo, imediatamente sentia-se na atmosfera de paz e serenidade, e ao mesmo tempo algum poder ao redor. Ele conduzia seu trabalho em sua escrivaninha de modo tão tranquilo que a pessoa, no aposento ao lado, não conseguia saber se ele estava lá.

Há alguns anos, o Irmão Sri Ram veio à minha casa para jantar. Minha cunhada e minha filha de Bombaim estavam hospedadas comigo na época. Durante a conversa, minha cunhada lhe pediu: 'Diga à minha filha como adquirir *shanti* (paz)'. E ele respondeu do seu jeito tranquilo, 'Jamais se pode aprender *shanti*. Ela surge'.

O Irmão Sri Ram jamais gostou de ser adorado como alguém superior ou iluminado. Eu certa vez lhe disse, 'O Sr. e a Sra. Fulano de Tal têm grande afeição e devoção pelo senhor'. Ele respondeu: 'Jamni, afeição está bem, mas não quero devoção'.

Seymour Ballard, um membro muito dedicado que trabalhara para a Sociedade tanto em "Olcott", a Sede Nacional da S.T. na América, em Adyar, e na Inglaterra, escreveu:

Minhas lembranças de nosso falecido presidente começam em 1948, quando ele visitou pela primeira vez os Estados Unidos e 'Olcott'. Entre outras tarefas, eu tinha algo a ver com os preparativos de viagem para palestrantes visitantes e logo notei que Sri Ram não carregava muita coisa em suas viagens. Se não me falha a memória, quando ele chegou a 'Olcott', trouxe consigo uma pequena valise e algo menor para os papéis. Assim, minha impressão foi que ele 'viajava leve', conforme se diz. Percebia-se que ele não carregava peso de outra maneira: ele não tinha bagagem mental em excesso. Uma disposição modesta, sem exigências, entre outras características, ajudavam. Seu modo de ser não apenas física, mas também mentalmente, era uma vida e natureza sóbrias, sem o excesso da bagagem e parafernália que a maioria de nós tende a acumular. Como um montanhista, ele levava apenas o essencial para sua escalada do Everest.

Tendo vivido em Adyar entre 1955 e 1958, eu o conheci melhor com relação ao seu trabalho para *The Theosophist*. Outras pessoas que trabalharam com ele lembrarão também seu grande cuidado no preparo de seus artigos e editoriais para publicação. Era muito interessante ler seus manuscritos, provas de composição tipográfica e provas de páginas, já que mostravam uma busca criativa pela melhor palavra, a frase mais apropriada que revelasse mais precisamente e com mais clareza seu pensamento. O resultado era um estilo enxuto que transmitia seus pontos de vista e *insights* em sentenças, poucas, mas fortes. Geralmente continham algo de uma atmosfera de calma e simpatia tão características do autor.

Curt Berg, ex-secretário-geral da S.T. na Suécia e ex-presidente da Federação Europeia das Sociedades Nacionais, declarou:

> Certa vez perguntaram a Sri Ram: 'Como é possível ter uma mente tranquila quando vemos tanto sofrimento no mundo?' Ele respondeu que para poder compreender o sofrimento devemos ter uma mente tranquila. E acrescentou: é através desta tranquilidade que a ação ocorre nas profundezas do ser pessoal, e é dirigida a partir do interior dessa profundeza.

Geoffrey Hodson, o famoso escritor, clarividente e palestrante, reforçou em sua homenagem outro aspecto da personalidade de Sri Ram:

> O Irmão Sri Ram, raramente, se é que alguma vez falou ou escreveu de si mesmo, era um exemplo notável dessa completa impessoalidade que nos ensinam, que é essencial para a reta compreensão. Em consequência destas e de tantas outras qualidades, ele adornava com riqueza o cargo de presidente da Sociedade Teosófica, e sua passagem física deixa dessa maneira um hiato que será muitíssimo difícil de ser preenchido.

Um dos cotrabalhadores de Sri Ram durante o movimento pelo Governo Autônomo e no jornal da Dra. Besant, *New India*, foi B. Shiva Rao. Este é um trecho do que ele escreveu a respeito de Sri Ram:

> Eu compreendi como, por detrás de um exterior sereno, estavam uma mente clara e uma vontade

> firme que lhe permitiam enfrentar os desafios da vida com calma deliberação. Aprendi muito com ele, observando seu modo tranquilo, mas determinado, no qual ele tratava muitos problemas sérios. Pode-se muito bem dizer a respeito dele (nas palavras de Kipling) que ele enfrentava o 'Sucesso e o Desastre como dois impostores idênticos'. Poucos, se é que alguns, entre aqueles que eu vi de perto, possuíam as qualidades abrangentes que eram tão marcantes em sua distinta personalidade. Como observei, numa afirmação que fiz na manhã de sua morte, sempre que penso no ensinamento do Senhor Buda, perante os meus olhos, eleva-se o quadro de Sri Ram como uma de suas corporificações vivas: gentil e despretensioso, todo o tempo e em todas as circunstâncias, ele jamais foi movido a proferir uma palavra desagradável ou abrigar pensamento áspero sobre alguém.

Zoltán de Álgya-Pap, membro da S.T. na Hungria, passou quatorze anos trabalhando em Adyar, e durante alguns anos foi o responsável pelos Arquivos da Sociedade. Ele também escreveu a respeito do impacto que Sri Ram causava nas pessoas:

> A primeira e principal impressão de quase todas as pessoas que entravam em contato com o Irmão Sri Ram era de um elevado grau de espiritualidade, irradiando perfeito equilíbrio, compaixão, boa vontade e auxílio a todos que dele se aproximavam – sem exceção. Tão forte e gentil era sua influência que em sua presença, mesmo pessoas que estives-

> sem mental ou emocionalmente agitadas ou numa condição de perturbação, dentro de poucos minutos, tornavam-se menos agitadas, e conseguiam apresentar seus problemas de maneira mais objetiva e tranquila.
>
> . . . Os ensinamentos que ele transmitia em suas palestras, conversas, artigos, panfletos e livros têm a principal tendência de produzir, dentro de nós, aquela grande mudança da mente e do coração que são as preliminares necessárias para nos tornar membros verdadeiramente ativos daquele 'núcleo da Fraternidade Universal da Humanidade' que é indicado no Primeiro, e mais importante Objetivo de nossa Sociedade. Mas ele nos ensinava talvez a maneira mais eficaz, por meio de sua própria vida pessoal, mostrando silenciosa e humildemente como viver a Teosofia, e assim transformar nossas vidas para o benefício de todos.

Outro trabalhador residente em Adyar, K.N. Ramanathan, que durante vários anos foi responsável pela Editora Teosófica, relata uma observação de Jinarajadasa a respeito de Sri Ram:

> O Sr. Jinarajadasa disse que o Sr. Sri Ram há muito cooperava com ele em vários tipos de trabalhos, muito antes dele (Irmão Raja) tornar-se presidente. 'Dificilmente haverá um único documento importante que, antes de enviado, eu não tenha mandado para o Irmão Sri Ram verificar. Ele vê muitos lados de um problema, como eu não consigo'.

Sigvaldi Hjálmarsson foi escritor e ex-secretário-geral da Seção Islandesa da S.T. Ele descreveu um de seus contatos memoráveis com Sri Ram, na Dinamarca, em 1964:

> Durante algum tempo eu tinha tentado resumir os pontos mais importantes dos ensinamentos dos vários místicos do Ocidente e do Oriente. E já tinha preparado uma longa lista, dando a essência de suas mensagens numas poucas palavras extraídas de seus próprios escritos. Mas de algum modo eu não conseguia encontrar nenhuma frase do próprio Sri Ram – aquele que eu melhor conhecia – que considerasse satisfatória.
>
> Certa noite, sentamo-nos juntos e provavelmente eu lhe estava fazendo algumas perguntas estúpidas a respeito do problema da mente humana, quando mencionei esta busca por uma frase característica sua, e lhe pedi para me ajudar a encontrar algumas palavras que pudesse encontrar como a chave de seus ensinamentos. Então ele esclareceu que não se considerava um instrutor e que não tinha ensinamentos próprios. 'Eu apenas descrevo o que vejo', disse ele. E me pediu também para não o colocar na exaltada comunidade de sábios que eu tinha em minha lista, mas prometeu pensar a respeito da frase até o dia seguinte.
>
> Na manhã seguinte, ele me chamou para ir ao seu aposento, repetiu a sua vontade de não ser colocado entre os místicos, e me entregou um pequeno pedaço de papel cortado da página frontal do *New York Times*, sobre a qual ele tinha escrito uma sen-

tença. 'Você pode usar isto', disse ele. Eu li a sentença. Ela fala por si mesma:

> Quando você é uno com todo coração que bate, você não é nada em si mesmo.

V. Wallace Slater foi um eminente membro da Seção Inglesa e seu antigo secretário-geral. Ele era também o principal membro do Centro de Pesquisa Teosófica em Londres, que explorava os paralelos entre a Ciência moderna e a Teosofia. O trecho a seguir é parte de seu tributo a Sri Ram:

> Minha experiência, de muitos debates que tive com ele, foi que ele rapidamente apreendia o que de essencial havia de qualquer assunto em questão, e seus pontos de vista eram expressos com argúcia e sabedoria. Ele sabia ser firme, mas era sempre gentil e tolerante. Suas respostas espontâneas às perguntas, nas Convenções e Escolas de Verão, eram obras-primas pela clareza, tato e profundidade de compreensão.
>
> Ele apresentava a Teosofia como se oriunda do coração, jamais alegando poderes ocultos ou desfilando experiência espiritual. Ele tinha uma compreensão profunda da Sabedoria Antiga e um amplo conhecimento da literatura teosófica das obras originais de H. P. Blavatsky em diante – e da Teosofia, como encontrada nas obras da antiguidade. Ele apresentava a Teosofia ao mundo como a compreendia, e geralmente evitava citar outros escritores como suporte para suas ideias,

> já que acreditava que as pessoas devem chegar às suas próprias compreensões sem o preconceito da assim chamada 'grande autoridade'. Se fizesse referência a algum aspecto da Teosofia, do qual não tinha experiência pessoal, ele geralmente apresentava suas afirmações por meio de uma frase 'nos foi dito'.
>
> . . . Sob a presidência de Sri Ram, a Sociedade ampliou seu conceito de Teosofia por uma compreensão mais profunda de *A Doutrina Secreta*, equilibrada pela erudição moderna, particularmente nos campos da Ciência e da Sociologia. A ênfase tem sido sobre princípios, e não sobre detalhes.

Hugh Sherman foi um membro ilustre da S.T. na Irlanda do Norte, membro do Conselho Geral da Sociedade e escritor, com uma contribuição distinta à literatura teosófica. Por tal contribuição, ele recebeu a prestigiosa Medalha Subba Row em 1996. Em 1995, quando o projeto deste esboço biográfico de Sri Ram foi contemplado, ele ofereceu as seguintes reminiscências:

> Sua gentileza e bom humor eram conhecidos de todos. Eu sentia também que nele havia algo de aristocrático, nada do tipo orgulho, mas uma certa consciência de seu próprio *status* e qualidades. Ele tomava suas próprias resoluções com uma tranquila determinação que eu passei a admirar.

> Ele tinha também um aguçado senso do absurdo. Lembro-me de lhe ouvir dar uma palestra na Inglaterra numa época em que o noticiário só falava dos Beatles, uma banda pop muito bem-sucedida. Em sua palestra, Sri Ram referiu-se benevolentemente ao 'Sr. Beatle'. De imediato, podia-se sentir que uma grande parte da plateia queria dizer-lhe que não havia nenhum 'Sr. Beatle', mas quatro pessoas que se descreviam com 'Os Beatles'. À medida que continuava, eu tinha certeza de que ele estava perfeitamente consciente de que não havia nenhum 'Sr. Beatle' e que estava exercendo um senso de divertimento ao alvoroçar alguns de seus ouvintes desta maneira.

Seu irmão mais jovem, N. S. Sastry, lembrou uma breve conversa que ilustrava o profundo senso de desapego de Sri Ram, após uma época em que ele esteve gravemente doente:

> Este inato senso de desapego e liberdade de desejos pessoais foi a marca de toda sua vida, e aquele seu humor pitoresco, ímpar, com o qual investia sua natureza mais séria, fazia dele único e amável. Há alguns anos (em 1968), ele adoeceu gravemente, e num dia particular da crise, a morte parecia iminente. (Felizmente, ele escapou daquela vez). Muito depois, quando estava plenamente bem, eu lhe perguntei: 'Quais eram seus pensamentos na época? Você ficou com medo? Ou estava pensando em sua família, na Sociedade Teosófica, ou nos Mestres?' Ele respondeu com um sorriso: 'Nenhum

desses – lembro-me de que só pensava a respeito de nosso gato Ginger'.

Claire Wyss foi ex-secretária-geral da Seção Suíça da S.T. Estas foram algumas de suas impressões sobre Sri Ram:

> Quem quer que conhecesse Sri Ram em Adyar, em sua própria atmosfera, compreendia que sua presença permeava toda a propriedade. Afora as palestras e as apresentações artísticas às quais sempre assistia, ele não era visto muito frequentemente, e se alguém ocasionalmente o encontrasse numa caminhada através da magnífica propriedade e trocasse algumas palavras com ele, era uma experiência particularmente bela.
>
> . . . Em sua última contribuição para a Convenção em Adyar, em dezembro de 1972, Sri Ram falou a respeito da atual crise mundial. Ele mostrou, usando afirmações feitas por H. P. Blavatsky, que existe um contínuo desenvolvimento da mente, e que este movimento, em direção ao aumento do poder mental, leva a um decréscimo da espiritualidade, que o intelecto geralmente viceja à custa do espírito, como é o caso hoje em dia. Sri Ram apresentou a questão de se o progresso humano não poderia prosseguir de tal maneira que as pessoas primeiramente adquirissem sabedoria, que vinha de fontes interiores, e somente depois acrescentassem conhecimento a ela. Será que um crescimento assim não seria mais equilibrado? Vamos dar a ele sua resposta com nossas vidas e no modo como edu-

camos nossos filhos para serem pessoas genuínas com valores verdadeiros.

Laurence Bendit, renomado escritor teosófico e antigo secretário-geral da Seção Inglesa da Sociedade, escreveu a respeito da relevância da contribuição de Sri Ram para a S.T.:

> Não resta dúvida de que sua mente se assemelha àquela que Teilhard de Chardin chama de noosfera, o 'mental superior', e quando ele falava, esta qualidade transparecia. Ele não se contentava em repetir velhos pontos de vista à moda antiga, mas instava-nos a descobrir, abrindo novos aspectos de nós mesmos, para que pudéssemos ter de dizer algo que fluísse de nosso conhecimento interior, e não daquilo que ouvíamos os outros dizer. Que ele estava afinado com Krishnamurti era óbvio, e certa vez ele disse que, apesar do que diziam os 'ortodoxos', a influência de Krishnamurti na S.T. tinha sido totalmente benéfica. Poder-se-ia desejar que tivesse sido mais influente do que foi permitido ser em nossas Lojas e entre nossos membros.
>
> Podia-se também descobrir seu tranquilo senso de humor. Jamais era prejudicial ou cruel. Na verdade, sua consideração para com os outros era a mais marcante. Nessa conferência em Paris [a Conferência da Federação Europeia de 1949], uma mulher agitada correu até ele, envolveu o pescoço dele com seus braços, beijou-o, e depois

> fugiu. Sri Ram voltou-se para mim e disse, 'Nós, indianos, não estamos acostumados a esse tipo de coisa. Sendo assim, eu não teria sabido como responder. Espero não ter magoado os sentimentos da senhora!' Assim ele mostrou que não estava preocupado com sua dignidade e seu pequeno eu. Ele se recusava a ser idolatrado ou receber tratamento especial, e podia-se começar uma discussão em grupo para encontrar o presidente da S.T. sentado num canto obscuro, ouvindo muitas vezes comentários não edificantes dos membros, desejando apenas ser convidado a participar se diretamente solicitado a assim fazer. O orgulho não era sua fraqueza.
>
> Certa vez eu lhe perguntei se ele gostaria de ser presidente. Ele disse que particularmente não queria ser. Mas estava disponível, e sentia que poderia preencher o cargo, e assim teve de se oferecer. Mas o que ele mais gostaria de fazer era viver sossegadamente e conhecer pessoas. Essa clara vontade de servir certamente é a marca de alguém que é adequado ao mais elevado posto na S.T. . . Possa ele em breve, se não já, estar novamente conosco como um sábio conselheiro entre nossa raça perturbada.

R. Balfour Clarke, membro antigo da S.T., que fora um dos jovens tutores de Krishnamurti, depois que ele veio para a Sociedade, recebeu seu diploma do Cel. H. S. Olcott, o presidente-fundador, em 25 de maio de 1904. Ele chegou a Adyar para trabalhar como voluntário em agosto de 1909. Estas foram suas impressões de Sri Ram:

> Foi durante estes últimos quatorze anos [escrito em 1973] que tive oportunidade de saber quão grande e refinado homem ele se tornara desde que conheci um jovem alto, magro, atlético e sua nobre família em 1909.
>
> Nosso presidente internacional era muito versado e bem-informado a respeito da situação mundial e das últimas descobertas da ciência moderna, mas via tudo do ponto de vista da Sabedoria dos Videntes, da essência das coisas – da Teosofia, com o seu âmago interno de conhecimento oculto. A expressão de seu pensamento era extremamente simples e bem escolhida e, contudo, ao se ouvir qualquer de seus discursos e palestras, tinha-se lampejos de sua ampla apreensão dos princípios teosóficos, abarcando tudo com a mente de um filósofo espiritual.
>
> Muitas pessoas quando colocadas numa posição de poder e importância tornam-se exclusivas, ditatoriais e arrogantes, não dando ouvidos ao pleito ou ponto de vista de outrem. Ficam ansiosas por se glorificarem mostrando poder. O Irmão Sri Ram evitava tal comportamento; ele estava sempre disponível e conhecia a arte de imediatamente colocar o visitante à vontade. Seu conhecimento geral abarcava um campo amplo de modo que era rapidamente capaz de entender o que quer que se lhe desejasse transmitir. As pessoas em posição de poder podem permitir-se ser graciosas, mas

> frequentemente não conseguem, por serem positivamente desagradáveis e mal-educadas, mas Sri Ram era sempre gentil para com todos que vinham até ele.

Walter Ballesteros era membro antigo da S.T. na Colômbia, seu antigo secretário-geral e também membro do Conselho Geral, o corpo administrativo internacional da Sociedade. Ele acompanhara Sri Ram durante sua visita à América do Sul, atuando como intérprete. Ele escreveu:

> 'Aquele cavalheiro é um anjo!' São estas as palavras que nossa empregada, uma garota simples do interior, disse para minha esposa no primeiro dia que nosso querido Irmão Sri Ram sentou-se à nossa mesa para jantar, na primeira visita à América do Sul. Ela falou do fundo do coração. Ela não conseguia entender nossa conversa com ele em inglês (nosso idioma natural é espanhol). Mas ela sentia que ele era alguém extraordinário, que só conseguia descrever como 'um anjo'.

Um ex-secretário da S.T. em Adyar, J. A. C. de Vogel-Van Gogh, compartilha outro aspecto da atitude de Sri Ram com relação à vida:

> Ele jamais deixava que você sentisse que ele era o presidente. Ele era apenas um trabalhador como todos nós. Pelo seu exemplo, ele ensinava que não é o tipo de cargo que se ocupa que torna alguém grande ou pequeno, nem se alguém

consegue ministrar belas palestras, mas o modo como se comporta com relação aos seus semelhantes no dia a dia.

O trabalho de Sri Ram, como editor de *The Theosophist,* foi lembrado com gratidão por Bridget Paget e K. Ramanathan, que anteriormente foram respectivamente, editor-assistente e gerente da Vasanta Press em Adyar:

> Ele manteve, durante o longo período como editor-chefe, os padrões de dignidade e equilíbrio, a linguagem correta e bela, a universalidade e a amplidão de perspectiva que sentíamos deveria caracterizar nosso periódico internacional. Pode ser adequado citar, concluindo, suas próprias palavras que apareceram numa nota editorial sobre um dos artigos selecionados para inclusão em *The Theosophist* de anos recentes:
>
> 'Este artigo . . . seria considerado por alguns leitores de *The Theosophist* como controverso. Contudo, seu principal valor pode consistir em chamar a atenção para os próprios pontos ou questões, cuja afirmação poderia ser inquietante para visões arraigadas, de um tipo ou de outro, por eles mantidas. A verdade, em qualquer nível, jamais precisa temer desafio. Se alguém aceita algo como Verdade, ele deve contentar-se com isso, não obstante quaisquer questionamentos – até que ele mesmo veja de modo diferente.'

Achyut Patwardhan foi um teósofo de segunda geração, um humanista profundamente respeitado e um lutador pela libertação da Índia, conhecido como o "Leão de Maharashtra", que desistiu da política para se tornar um colaborador próximo de Krishnamurti, e que ajudou seu trabalho educacional na Índia de maneira substancial. Ele prestou uma homenagem apaixonada à contribuição de Sri Ram para a S.T. e o mundo:

> É mérito do Sr. Sri Ram que nos vinte anos de sua presidência ele tenha mudado toda a ênfase das perspectivas teosóficas. Referindo-se ao espírito dos fundadores, ele assegurava a importância da total liberdade de pesquisa na vida espiritual e elevou o nível dessa pesquisa de um trivial horizonte pessoal para uma ampla gama de problemas relacionados ao destino humano. Ele mudou sem alarde a ênfase da liderança ou veneração pessoal para a importância da Teosofia na busca para reafirmar o significado do ser humano. O fenômeno chamado ser humano deve ser intimamente compreendido sem autoridade ou crença externa como uma mente que é fundamentalmente tanto criadora quanto o produto final de seu próprio movimento na vida.
>
> O Sr. Sri Ram restabeleceu a importância da busca interna do ser humano, pondo significado às suas buscas externas no campo da ciência, do bem-estar social e das lutas políticas, quebrando assim a rígida dicotomia entre vida espiritual e mundana. Com toda sua devoção ao pensamento teosófico, ele jamais apoiou ilusões de que a verdade final a

respeito do ser humano é apanágio de algum culto secreto, livros hindus ou budistas ou qualquer outro livro sagrado. Tudo que o ser humano se esforçou por alcançar, sucessos e revezes igualmente, tudo isso é parte da consciência, e a atenção é a chave para o estudo da consciência.

Sem usar o modo peculiar de expressão de Krishnamurti ou invocar sua autoridade, Sri Ram traz para os intelectuais sérios uma qualidade de pesquisa que poderia tornar-se relevante e significativa, uma vez que ela busca apenas expressar que tipo de mente consegue apreender alguns dos problemas com os quais os seres humanos estão envolvidos em nossa época.

Numa palestra proferida em Adyar, em 8 de abril de 1984, a Sra. Radha Burnier, presidente da S.T., escreveu o seguinte a respeito da contribuição de seu pai para a Sociedade:

Nosso ex-presidente, N. Sri Ram, faleceu em abril, há onze anos. É certo pensar naqueles que trabalharam durante longo tempo e duramente pela Sociedade Teosófica, que acrescentaram a ela suas próprias qualidades particulares de autossacrifício, devoção e sabedoria, enriquecendo desse modo aqueles que os seguiram.

Pensar naqueles que, de alguma maneira, corporificam as mais sutis qualidades da humanidade ajuda-nos a construir virtudes em nossa própria natureza. É verdade que nós nos tornamos aquilo em que pensamos, e naquilo em que meditamos; aquilo pelo qual nos sentimos atraídos arrasta-nos para si. Se voltarmos nossos pensamentos para o belo, para aquelas coisas que pertencem à natureza superior, somos inevitavelmente atraídos para essas coisas superiores. Mas se permitirmos que nossos pensamentos foquem no que é trivial e pessoal, aí permanecemos. Assim, não é sem benefício pensarmos naqueles que foram grandes à sua própria maneira, lembrar o que eles fizeram e o que corporificaram.

N. Sri Ram foi uma daquelas raras pessoas que viveram uma vida verdadeiramente espiritual. Ele estava entre aqueles cuja presença leva consigo uma influência poderosa, embora intangível, e uma fragrância que aqueles que o conheciam não conseguiam deixar de sentir. Não importa o que ele dissesse ou fizesse, ou se permanecia silencioso, havia algo a respeito dele que fazia a pessoa sentir-se melhor por estar com ele.

Eu posso falar assim do meu pai apesar do fato de ser sua parente. Aliás, ele jamais permitiu que nenhum membro de sua família se sentisse especial simplesmente porque era de sua família. Sua afeição e consideração eram demonstradas igualmente a todos.

Diz-se frequentemente que 'santo de casa não faz milagre', mas isso não é necessariamente verdadeiro. A pessoa que é verdadeiramente espiritualizada mostra melhor suas qualidades nas coisas comuns do dia a dia. Quanto mais se permanecesse em contato com N. Sri Ram, mais se compreendia o quão não fragmentada era sua vida. Não havia uma personalidade externa de boas palavras, pensamentos aparentemente elevados, uma certa conduta apresentada em público e outra em particular.

Afirmava-se que ele não demonstrava entusiasmo ao expressar opiniões a respeito de pessoas ou coisas. Ele não saltava na frente, como fazem muitas pessoas, para dizer o que pensava. Ele tinha paciência, habilidade para esperar e observar, para manter seu julgamento em suspenso – se é que, de fato, ele julgava alguma coisa; talvez não julgasse. Ele conseguia ser divertido, bem-humorado e muito humano de muitas maneiras, no entanto sua presença era, no geral, silenciosa.

Então N. Sri Ram poderia ter sido um herói para o seu mordomo, se tivesse um, mas ele não gostava que ninguém lhe servisse. Aliás, ele tinha excesso de consideração. Seus pensamentos fluíam naturalmente e sem artificialidade para a conveniência dos outros.

No dia de sua morte, quando foi informado de que tivera um ataque do coração na noite anterior (do qual mal havia qualquer sinal pela manhã), sua reação imediata foi me dizer, 'Bem, isso significa mais problemas para você'. Ele era assim. Sua resposta espontânea para qualquer situação era pensar nos outros e não em si mesmo – uma rara qualidade, porque a maioria de nós pensa primeiramente em si mesma, embora possamos nos treinar para parecer como se assim não fosse. Todos nós temos um certo sentimento a respeito de nós mesmos – nosso conforto, o que nos é devido, etc. – e com esforço podemos voltar nossos pensamentos aos outros. Mas ele não tinha tais sentimentos a respeito de si mesmo. Não era tanto uma questão de autorrenúncia, pois havia muito pouco do eu para ser renunciado. O eu não lançava sombra sobre sua vida; ele vivia num tipo de esfera iluminada, sem sombra, que expressava a beleza de sua existência.

Ele foi pouco influenciado por valores mundanos, mesmo quando era jovem. Por exemplo, ele passou nos exames e podia fazer a matrícula, mas, por algum erro, seu nome não apareceu na lista de candidatos aprovados, e ele retornou, sem qualquer agitação ou desalento para a turma matriculada para o ano seguinte. Quando seu professor, V.S. Srinivasa, viu-o na turma, perguntou-lhe por que estava lá. Ele respondeu, 'Eu não passei'. 'Claro que você passou', disse o Sr. Sastri. 'É melhor você seguir para o Presidency College e incorporar-se imediatamente'. Sri Ram não se sentira desalentado antes; e não se sentia jubiloso agora. 'Eu irei', respondeu ele, 'após o término das aulas da manhã'. Eu suponho que, pelo fato de ter nascido com esse tipo de *samskāra* – algo que ele trouxe de sua vida anterior – o sucesso e o fracasso pessoais eram de pouca importância para ele.

Havia muito pouca coisa de pessoal nele e, portanto, ele conseguia permanecer sereno em circunstâncias que normalmente alegrariam ou deixariam abatidas outras pessoas. Certa vez, quando ele ainda era muito jovem, teve de falar com um professor sobre algum assunto, e o homem enfureceu-se e disse, 'Você é um tolo!' A resposta foi calma, sem reação. 'O senhor acha? Eu não acho'.

Em todas as circunstâncias, podia-se sentir uma extraordinária serenidade, uma ausência de reação egoísta, uma ausência de sentimento a respeito do eu. Isso somava-se à especial beleza da influência que ele trazia consigo, e que parecia aumentar à medida que os anos se passavam. Ele acreditava que a pessoa podia guiar-se a si mesmo, de modo firme e tranquilo; que era possível a pessoa mudar sua própria vida completamente, não lutando as batalhas, mas pela observação e reflexão tranquilas.

Ele costumava contar-nos como seu próprio pai tinha a tendência de se aborrecer e como ele estava consciente disso, e sabia que devia mudar. Assim, ele costumava ler o *Ramayana* regularmente, na versão em sânscrito, onde, num lugar após outro, eram feitas belas descrições daquele homem perfeito, Sri Rāma – não apenas de seu valor e de sua completa lealdade à verdade, mas de sua gentileza e consideração. E pela contínua reflexão sobre as qualidades daquele homem perfeito, seu pai conseguiu livrar-se da ira.

N. Sri Ram dava, às vezes, a aparência de estar absorto em pensamentos e de não notar o que se passava ao redor, mas não era assim. Aliás, ele observava muito atentamente, não tanto o comportamento das pessoas quanto a atuação da natureza humana. Ele observava com senso de humor. Através dessa observação, sua própria sabedoria amadureceu e floresceu a um grau extraordinário.

O homem é capaz de aprender não apenas através da experiência, mas também através da observação. Ele pode tornar a experiência dos outros sua própria experiência. Ele pode dar passos rápidos, pois todas as experiências necessárias ao crescimento humano lhe estão disponíveis. A maioria de nós é forçada a passar por encarnação após encarnação, não porque nos falte experiência, mas porque não sabemos como aprender a partir das experiências que encontramos na vida. Podemos compartilhar a experiência de toda a humanidade como a encontramos na literatura, na história e na ciência, na religião e na filosofia, mas devemos saber como extrair a essência dessa experiência. Somos mais sábios, e daremos passos mais rápidos na evolução, se nos recusarmos a aprender 'do modo difícil' – sem percebermos o que a vida tem a nos ensinar e tivermos de repetir a mesma lição uma e outra vez. Era aqui que N. Sri Ram demonstrava mais do que uma extraordinária inteligência, ao rapidamente perceber o significado das experiências que chegavam a ele, e a se beneficiar com elas.

Sua vida era não apenas de humildade, de observação e de ouvir com atenção, mas era uma vida de profunda afeição e uma generosidade sem ostentação. Sua afeição tinha grande calor e, ao mesmo tempo, um certo desapego a respeito disso. Como eu disse, ele não tinha favoritos e tratava a todos por igual quer fossem de sua própria família ou aqueles que com ele trabalhava.

Quando jovem, ele se formou na Universidade de Madras com louvor. Mas agora, ele estava totalmente ocupado com a Teosofia. Acredito que ele costumava passar grande parte do seu tempo na Faculdade estudando livros teosóficos ou as guerras napoleônicas. O que uma coisa tinha a ver com a outra eu não sei, mas ele tinha grande interesse nas campanhas de Napoleão, embora não se pudesse encontrar pessoa mais pacífica e desarmada! Mas tão ocupado se tornou com a Teosofia que não se aplicava a seus estudos acadêmicos, e logo desistiu da ideia de obter um diploma de Mestre em Ciências Humanas, começando, em vez disso, a trabalhar para a Sociedade. Ele a serviu por mais de sessenta anos, o que a Dra. Besant chamou de sua devoção inabalável, e durante esse tempo ele passou praticamente por cada cargo. Depois de muitos anos, ele começou a viajar. No curto período de cinco ou seis anos, ele se tornou tão conhecido e tão amado que foi eleito presidente quando C. Jinarajadasa deixou aquele cargo.

Havia algo de tão verdadeiro, ardoroso e real a respeito dele que as pessoas que o encontravam, apenas uma ou duas vezes, sentiam-se próximas a ele. Sua afeição era um caso particular, jamais demonstrativa ou ostentosa. Não era uma questão de palavras; na verdade, ele jamais disse com muitas palavras que gostava de alguém; era bastante estranho à sua natureza dizer algo assim, mas de algum modo ele sutilmente transmitia o que sentia. Ele era muito generoso e isso, também, era bastante particular. Ele ajudava muitas pessoas sem ninguém mais saber. Sua reação instintiva era considerar as necessidades de outras pessoas com compaixão, e ele sempre via o lado melhor dessas pessoas. Ele estava consciente das deficiências dos outros, mas as considerava como meros pontos fracos e conseguia extrair o lado melhor dessas pessoas.

Ele verdadeiramente não vivia neste mundo; sempre tive a impressão de que ele vivia em algum outro mundo de mais permanente bondade, amor e pureza. Ele punha muito pouca importância em coisas transitórias, inclusive as esquisitices e defeitos de seus semelhantes. Por causa disso, exercia uma influência benéfica sobre todos aqueles que com ele entravam em contato, mesmo se (como às vezes acontecia) não respondessem de imediato. Mas onde há virtude e bondade, elas gradualmente fazem cessar a aspereza.

Sua atitude para com os outros poderia ser resumida nestas palavras que ele escreveu em *Pensamentos para Aspirantes*:[15] 'A atitude fraterna significa aceitar cada pessoa como ela é, considerá-la com afeição e auxiliá-la da maneira mais natural e com

[15] Brasília: Editora Teosófica, 1989. (N.E.)

graça, que nasce do não esperar qualquer retorno. Nenhum de nós conhece realmente as potencialidades do outro, quais são suas verdadeiras qualidades e capacidades, a que alturas ele brevemente elevar-se-á'.

Carin Citroen nasceu na Holanda e migrou para a Austrália após a Segunda Guerra Mundial. Ela foi para Adyar em 1971 como trabalhadora voluntária e lá trabalhou em várias áreas da Sociedade. Carin foi secretária da presidente Radha Burnier durante muitos anos. Ela descreve um incidente notável que ocorreu durante a cremação de Sri Ram e que foi testemunhado por várias pessoas, inclusive ela mesma:

> N. Sri Ram faleceu em 8 de abril de 1973, às 18h45min, hora de Adyar, e foi cremado no dia seguinte às 11h00 horas. Estava de fato muito quente naquele dia, tão quente que continuavam molhando a entrada do caminho que leva ao Jardim da Recordação [onde os presidentes anteriores também tinham sido cremados]. Apesar disso, era quase impossível permanecer de pé na areia escaldante. Por volta das 11 horas, o corpo de nosso querido presidente foi trazido, cercado por parentes e coberto de flores, principalmente rosas. Quando o corpo foi baixado, todos nós nos pusemos ao redor dele, prestando nossas últimas homenagens. Para fazer isso, minha amiga Biddy [Bridget Paget, que trabalhava em Adyar] e eu descalçamos nossas sandálias e caminhamos por sobre o solo encharcado,

> que ainda estava insuportavelmente quente a ponto de queimar nossos pés. Então, todas as rosas foram retiradas do corpo e colocadas próximas à pira, e o filho mais velho, como é costume na Índia, acendeu a pira, após o que todos partiram.
>
> No dia seguinte, eu mesma e pelo menos quatro outras pessoas retornamos ao Jardim da Recordação e vimos o evento extraordinário. Apesar do dia extremamente quente e de as flores terem sido colocadas próximas à pira que queimou a noite toda, elas estavam tão frescas como se tivessem acabado de ser colhidas do jardim.

Na Índia, eventos assim estão associados a almas avançadas, que em suas vidas corporificaram notável grau de santidade. Na vida como na morte N. Sri Ram propagava a fragrância da Sabedoria oniabarcante, sagrada, e a Sociedade Teosófica teve o privilégio de tê-lo como seu presidente por um período considerável. Ele estabeleceu as fundações para um futuro promissor e de mente aberta para a Sociedade, profundamente enraizadas nos princípios da Religião-Sabedoria que é a Teosofia, e que leva o estudante sincero àquele estado interior sempre novo que pressagia a receptividade ao chamado do Espírito incriado dentro de nós.

Os membros da Sociedade Teosófica têm com ele um débito de gratidão que não pode ser pago. Talvez um tributo apropriado a ele fosse viver uma vida que se torne, a cada dia, um instrumento mais perfeito para aquelas energias regeneradoras que têm sua fonte na Unidade de tudo que vive. Se viver assim tornar-se uma realidade pelo menos nas vidas dos membros dedicados da Sociedade, isso irá assegurar para ela um trabalho vital e um papel significativo no verdadeiro progresso da humanidade, rumo a uma era de paz, verdadeira cooperação e fraternidade universal, uma obra à qual N. Sri Ram deu sua vida, sua energia e seu coração, sem reservas.